广告策划与管理实务

潘子尧 著

江苏人民出版社

图书在版编目（ＣＩＰ）数据

广告策划与管理实务 / 潘子尧著. -- 南京 ：江苏人民出版社, 2024.5
ISBN 978-7-214-29100-4

Ⅰ．①广… Ⅱ．①潘… Ⅲ．①广告学 Ⅳ.
①F713.80

中国国家版本馆 CIP 数据核字(2024)第 088202 号

书 名	广告策划与管理实务
著 者	潘子尧
责 任 编 辑	郝 鹏
装 帧 设 计	高桂平
责 任 监 制	王 娟
出 版 发 行	江苏人民出版社
地 址	南京市湖南路 1 号 A 楼，邮编：210009
照 排	济南大地图文快印有限公司
印 刷	济南大地图文快印有限公司
开 本	728 毫米×1000 毫米 1/16
印 张	8
字 数	120 千字
版 次	2025 年 4 月第 1 版
印 次	2025 年 4 月第 1 次印刷
标 准 书 号	ISBN 978-7-214-29100-4
定 价	59.00 元

（江苏人民出版社图书凡印装错误可向承印厂调换）

前　言

在当今竞争激烈的商业环境中，广告策划和管理成为企业取得市场竞争优势的重要手段之一。广告作为现代市场营销的重要手段，对于企业的品牌推广和产品销售起着至关重要的作用。要想在竞争激烈的市场中脱颖而出，并实现商业目标，就需要科学合理地制定广告策略和进行有效的广告策划。

本书的目的是帮助广告从业人员和市场营销人员更好地理解广告策划的概念和原则，并提供实用的指导，使他们能够在实际工作中运用所学知识，取得良好的广告效果。

首先，第一章介绍了广告策划的定义、目的和基本原则，这为读者提供了一个整体的认识和理解。随后，第二章根据案例介绍了广告策略制定的相关内容。第三章结合案例深入探讨了创意设计的概念、过程以及方法与技巧，帮助读者培养创造力和灵感。在第四章中讨论了广告传播渠道与媒介选择、数字广告策划与移动端广告的策略以及广告效果评估与优化等方面的知识。

为了确保广告活动的合法性和道德性，《广告策划与管理实务》特别将第五章作为一个单独的章节来介绍广告法规与道德规范。这一章节旨在帮助读者了解广告行业的法律法规和道德规范，以及如何应对虚假广告的挑战，引导广告从业人员遵守法规和道德准则，避免虚假广告的出现，并承担起社会责任。

在第六章中，书籍强调了广告策划在品牌建设中的重要作用。最后一章则关注广告策划的创新理念、方法与技术，并展望了广告策划的未来发展趋势，帮助读者把握广告策划领域的最新动态。

《广告策划与管理实务》旨在为广告从业人员和市场营销人员提供全面而实用的指导，使他们能够更好地理解和运用广告策划的知识与技巧，取得成功的广告效果。通过阅读本书，读者将获得系统的广告策划知识，培养出色的创意能力，并能在市场竞争中掌握先机，实现企业的商业目标。

目　录

第一章　广告策划概述

第一节　广告策划的定义与目的

一、广告策划的定义

广告策划是指在推广产品、服务或品牌时制定一系列广告活动的过程。它涵盖了市场调研、目标受众分析、信息传递、媒体选择、创意构思和执行计划等环节，旨在通过广告手段来达到营销目标。

广告策划需要结合产品或服务的特点、市场需求以及竞争对手情况进行全面的分析，以确定最佳的传播方式和实施计划。同时，广告策划也要考虑到目标受众的心理特点、消费习惯和媒体接触渠道，以确保广告能够精准地传递给潜在客户。

二、广告策划的目的

（一）促进销售

广告策划的主要目的之一是促进产品或服务的销售。通过精心设计和巧妙运用广告手段，可以增强消费者对产品或服务的认知、好感度和购买欲望，从而有效地推动销售增长。

广告策划可以提升产品或服务的曝光度和知名度。当企业推出新产品或服务时，通过广告的宣传介绍，可以让更多的消费者了解到产品的存在和特点。广告在媒体上的广泛传播能够使品牌形象深入人心，引起消费者的兴趣，进而促使他们主动了解和购买该产品。

广告策划可以建立产品与消费者之间的情感联系。通过创意和有吸引力的广告内容，可以激发消费者的情感共鸣，让他们对产品产生好奇和兴趣。广告可以通过展示产品的特点、功能和优势，引发消费者的需求，并激发他们购买的欲望。例如，利用幽默、温馨或感人的广告故事，能够让消费者对产品产生共鸣和情感连接，从而更容易选择购买。

广告策划还可以利用促销活动来推动销售增长。通过在广告中宣传限时优惠、打折促销、赠品等销售策略，可以吸引消费者的眼球并激发购买欲望。促销活动的广告宣传不仅能够增加销售额，还可以培养消费者的忠诚度，使其成为回头客。

广告策划还可以通过精准的目标受众定位来提升销售效果。通过市场调研和数据分析，可以确定产品或服务的目标受众群体，并针对其需求和喜好制定相应的广告策略。精准的目标受众定位可以使广告更加针对性和有效，从而提高广告投放的转化率和销售效果。

（二）塑造品牌形象

在广告策划中，通过精心设计的广告内容和形式，可以有效地塑造品牌形象。通过传递品牌的核心价值观、独特性以及与消费者情感的共鸣，广告能够帮助企业树立积极的品牌形象，从而提升品牌价值和竞争力。

广告策划需要深入了解品牌的核心价值观。品牌的核心价值观是指品牌所追求的理念、信念和目标。通过广告内容的设计，可以将品牌的核心价值观巧妙地融入其中，让消费者能够感受到品牌的独特性和使命感。例如，如果一个品牌的核心价值观是环保和可持续发展，广告可以通过展示品牌的环保行动和产品的可持续性来向消费者传递这一价值观，从而塑造出一个环保责任感强的品牌形象。

广告策划还需要建立与消费者的情感共鸣。人们在购买产品或选择服务时往往会受到情感因素的影响。通过广告的创意和故事性，可以引发消费者的情感共鸣，建立起品牌与消费者之间的情感连接。例如，通过展示产品在日常生活中的实际应用场景，或是通过故事性的广告片来讲述一个与消费者生活相关的故事，都能够激发消费者的情感共鸣，让品牌形象更加亲近和可信。

广告策划需要注重广告形式的设计。广告形式包括文字、图片、音频、视频等多种元素，这些元素的组合方式对于品牌形象的塑造至关重要。广告形式应该与目标受众相匹配，能够吸引他们的注意力，并传递出品牌的特点和个性。例如，对于年轻人群体，可以采用时尚、动感的音乐和图像元素来设计广告，以吸引年轻消费者的兴趣，并展现出品牌的活力和创新性。

（三）拓展市场份额

通过广告策划，企业可以扩大其在市场中的知名度和曝光度，吸引更多的潜在客户。通过有效地推广产品或服务的特点和优势，广告可以吸引并留住更多的目标受众，从而增加市场份额。

广告策划需要明确目标受众。了解目标受众的需求、偏好和购买行为是广告成功的关键。通过市场调研和数据分析，企业可以确定目标受众的人群特征，包括性别、年龄、地理位置、兴趣爱好等，从而有针对性地进行广告策划。通过准确地定位目标受众，广告能够更加精准地传递信息，提高广告的有效触达率，进而吸引更多的潜在客户。

广告策划需要突出产品或服务的特点和优势。在竞争激烈的市场环境下，企业需要通过广告来突出自己的独特性和优势，与其他竞争对手区分开来。广告可以通过文字、图片、视频等多种形式来展示产品或服务的特点，并强调其与竞争对手的差异化。例如，可以突出产品的高品质、创新性、性能优势等方面，或是强调服务的专业性、便利性、个性化等特点。通过凸显产品或服务的独特性和优势，广告能够吸引目标受众的关注并产生购买欲望。

广告策划还需要选择合适的媒体渠道和推广方式。不同的媒体渠道和推广方式适用于不同的目标受众和市场环境。企业可以根据目标受众的特征和媒体使用习惯来选择合适的媒体平台，如电视、网络、社交媒体、户外广告等。同时，结合目标受众的行为特点和市场趋势，选择适当的推广方式，如品牌广告、促销活动、口碑营销等。通过选择合适的媒体渠道和推广方式，广告能够更加有效地传达信息，扩大企业在市场中的曝光度和影响力。

（四）建立客户关系

广告策划可以帮助企业与客户建立良好的关系。通过广告活动，企业可以与消费者进行互动，收集他们的反馈和需求，并提供个性化的服务，从而增强客户满意度和忠诚度。

广告策划需要注重与消费者的互动。广告不再是单向传递信息的工具，而是可以与消费者进行双向沟通的平台。通过社交媒体、在线调查、用户评论等方式，企业可以主动与消费者互动，了解他们的想法、意见和需求。通过积极回应消费者的反馈，企业能够根据消费者的期望和需求进行产品改进或优化，增加客户的满意度。

广告策划需要提供个性化的服务。随着技术的发展，企业可以通过数据分析和个人化营销来提供更加精准和个性化的服务。通过收集消费者的购买记录、兴趣爱好等信息，企业可以根据个体差异为客户量身定制推荐内容、优惠活动等，提高客户的购买体验和满意度。例如，根据客户的购买历史和偏好，向他们发送定制化的促销信息或推荐相关产品，以增加客户的参与度和忠诚度。

广告策划还可以通过品牌故事和情感共鸣来建立客户关系。消费者在购买决策中往往会受到情感因素的影响。通过讲述品牌的故事、传递品牌的核心价值观，广告可以引发消费者的情感共鸣，建立起与消费者之间的情感连接。这种情感连接可以增强客户对品牌的认同感和忠诚度。例如，通过展示品牌的社会责任活动、与消费者生活相关的故事等，广告可以唤起消费者的情感共鸣，并让他们更加愿意与品牌建立长期稳定的关系。

第二节　广告策划的基本原则

广告策划是一项复杂而关键的工作，它要求广告人员深入了解市场、目标受众和产品，通过精心策划和执行，将品牌和产品信息有效地传递给消费者。在广告策划的过程中，有一些基本原则需要遵循，以确保广告活动的成功和有效性。

一、定义明确的目标

广告策划是一项复杂而关键的工作，需要广告人员通过精心策划和执行，将品牌和产品信息有效地传递给消费者。在广告策划的过程中，定义明确的目标是至关重要的原则之一。

那么，如何设定明确的目标呢？以下是一些设定明确目标的方法：

（一）具体而详细

目标应该具体而详细，能够清晰地表达出所要达到的结果或效果。例如，将目标从"提高销售量"细化为"实现 10%的销售增长"，这样更具体并具有可操作性。

（二）可衡量

目标应该是可以衡量的，能够通过具体的指标和数据进行评估。例如，将目标从"提高品牌知名度"转化为"在半年内实现品牌知名度增长 10%"，这样可以通过市场调研和数据分析来进行衡量。

（三）可达成

目标应该是可达成的，基于实际情况和资源条件进行设定。过于理想化或超出实际能力范围的目标会给广告策划带来压力和挫败感。设定可达成的目标有助于保持团队士气和动力。

（四）与整体战略一致

目标应该与整体营销战略相一致，紧密结合公司的长期发展目标。广告策划的目标需要与企业的市场定位、品牌形象和产品策略相协调，以确保广告活动与企业整体方向一致。

（五）时间限制

目标应该有明确的时间限制，即设定一个截止日期或时间范围。这有助于广告人员设定工作计划和优先级，并推动他们积极主动地追求目标。

二、深入了解目标受众

了解目标受众的需求、兴趣和购买行为对于广告的成功至关重要。在广告策划的过程中，需要进行深入的研究和洞察，以确保广告能够精准地传达信息，并与目标受众建立联系。

（一）市场调研

通过市场调研，广告人员可以获取有关目标受众的定量和定性数据。市场调研可以包括问卷调查、焦点小组讨论、深入访谈等方式，以了解受众的购买行为、偏好和态度。这些数据可以帮助广告人员对目标受众进行更加准确的描述和分析。

（二）数据分析

通过数据分析，广告人员可以挖掘隐藏在海量数据中的有价值信息。通过分析消费者的购买记录、网站浏览历史、社交媒体活动等数据，可以了解受众的兴趣爱好、行为习惯和消费偏好。这种数据驱动的分析能够提供更深入的洞察，并帮助广告人员制定更精准的营销策略。

（三）人设

人设是一种将目标受众形象化、拟人化的方法，有助于广告人员更好地理解受众。通过构建受众的人设，包括他们的年龄、性别、职业、兴趣爱好等方面的特征，广告人员可以更深入地思考和洞察目标受众的需求和心理。

三、突出独特卖点

在广告策划中，明确产品或服务的独特卖点，并将其突出展示，是吸引消费者注意和激发购买欲望的重要手段。

消费者在面对众多选择时，往往会被那些与众不同、具有独特优势的产品所吸引。因此，在广告策划过程中，需要通过精心的创意和设计，将产品或服务的特点和优势清晰地传递给消费者，以增加他们的购买意愿。

在突出独特卖点时，广告策划需要从以下几个方面进行考虑和实施：

（一）定位清晰

了解目标受众的需求和偏好，确定产品或服务的定位，并找到与之匹配的独特卖点。通过市场调研和分析，了解竞争对手的产品特点，找到与之区别的关键优势。

（二）突出特点

将产品或服务的特点和优势转化为有吸引力的广告内容。可以通过创造性的表现形式、引人注目的图像或文字来强调产品的特点，并在广告中清晰地传达给消费者。

（三）强调价值

突出产品或服务的独特卖点时，需要将其与消费者的需求和期望相连接，强调其所带来的价值和好处。消费者更愿意购买那些能够满足他们需求并提供实际价值的产品。

（四）故事叙述

通过故事化的方式来展示产品或服务的独特卖点，可以更加生动地吸引消费者的注意力。通过讲述真实或虚构的故事，将产品或服务的优势融入其中，让消费者产生共鸣和情感连接。

四、一致性和持续性

广告策划需要保持一致性和持续性。

（一）一致性

一致性是指广告在不同渠道和媒体上都保持统一的品牌形象和传递一致的核心信息。无论是在视觉风格、品牌声音还是传递的信息上，广告都应该保持一致，以建立起品牌的识别度和信任感。一致性可以让消费者更容易辨认和记住品牌，同时也能够增强品牌的稳定性和可靠性。

在视觉风格方面，广告应该采用相似的设计元素、色彩和排版风格，以确保不同广告之间的视觉连贯性。这样，即使在不同的媒体上看到广告，消费者也能够立即将其与特定品牌联系起来。

在品牌声音方面，广告的语调、用词和风格应该保持一致。无论是在电视广告、广播广告还是社交媒体上的推广，品牌声音都应该传递相同的价值观和个性特点。

在传递的核心信息方面，广告应该始终围绕着品牌的核心价值和优势进行传达。无论是强调产品特点、满足消费者需求还是展示品牌理念，广告的核心信息应该始终保持一致，以避免给消费者造成混乱或误导。

（二）持续性

广告活动不应该只是一次性的事件，而应该是一个持续的过程。通过持续地进行广告宣传和营销活动，可以建立起与消费者的长期关系，并提高品牌的认知度和忠诚度。

持续性的广告活动可以帮助品牌在消费者心中保持活跃度，使其成为消费者首选的选择。通过定期发布广告内容，品牌可以增加曝光率，吸引更多的潜在客户，并留下持久的印象。

持续性的广告活动还可以帮助品牌在市场中保持竞争力。市场竞争激烈，消费者的选择众多。如果一个品牌只是偶尔发布广告，很容易被竞争对手淹没。而通过持续地进行广告宣传和营销活动，品牌可以保持在消费者心中的存在感，提高品牌知名度，并与竞争对手形成差异化。

五、测试和优化

在广告策划的过程中，测试和优化是非常重要的环节。通过进行市场测试和反馈收集，可以了解广告效果和消费者的反应，从而及时进行调整和优化。不断地改进广告策略和执行方式，可以提高广告活动的效果和回报率。

（一）市场测试

在正式推出广告之前，进行市场测试是一种常见的做法。市场测试可以帮助广告策划人员了解广告在实际市场环境中的效果和接受度。通过选择一个小范围的目标市场，投放广告并收集数据，可以评估广告的影响力、吸引力和销售效果。

市场测试还可以帮助发现潜在的问题和改进点。通过与目标消费者进行交流和调查，可以了解他们对广告的感受和意见。这些反馈信息可以用来调整广告内容、传播渠道和定位策略，以更好地满足消费者的需求和期望。

（二）反馈收集

广告策划人员需要主动收集反馈信息，包括消费者的反应、销售数据和市场趋势等。这些反馈信息可以通过各种途径获取，如消费者调查、销售数据分析、社交媒体监测等。

消费者调查是一种常用的反馈收集方法。通过设计问卷调查或进行重点访谈，可以了解消费者对广告的认知、喜好和购买意向。这些信息可以帮助广告策划人员了解广告的效果和潜在问题，并作出相应的优化调整。

同时，销售数据分析也是非常重要的反馈来源。通过监测广告推出后的销售情况，可以评估广告对销售额和市场份额的影响。根据销售数据的变化趋势，可以判断广告是否达到预期效果，进而优化广告策略。

（三）调整和优化

基于市场测试和反馈收集的结果，广告策划人员需要及时调整和优化广告活动。这包括以下几个方面：

1.广告内容优化

根据消费者的反馈和喜好，对广告内容进行优化。可能需要调整语言表达、视觉设计、故事情节等，以更好地吸引目标消费者的注意力。

2.传播渠道优化

根据市场测试的结果，选择最有效的传播渠道和媒体。可能需要增加或减少某些媒体的投放量，以提高广告的曝光率和覆盖面。

3.定位策略优化

根据市场测试和反馈收集的结果，对品牌定位进行调整。可能需要重新定义目标消费者群体、核心竞争优势和传递的价值主张，以更好地满足消费者需求。

4.时间安排优化

根据市场反馈和销售数据，调整广告推出的时间安排。可能需要在特定的季节、假期或活动期间进行重点推广，以最大程度地提高广告效果。

通过不断地测试和优化，广告策划人员可以不断改进广告活动，提高广告的效果和回报率。同时，及时的调整和优化也能够帮助广告策划人员应对市场变化和竞争压力，保持广告活动的竞争力和前瞻性。

六、诚实和透明

广告策划需要坚持诚实和透明原则。虚假、夸大和误导性的广告会给品牌形象带来负面影响，并失去消费者的信任。因此，广告策划应该遵循道德和法律的规范，提供真实、准确和可靠的信息，与消费者建立起诚信的关系。

（一）提供真实信息

广告策划人员应该确保广告所传递的信息是真实的。广告中所陈述的产品特点、功能、性能以及优势等都应该符合实际情况，并经过客观的验证和证实。不应使用虚假、夸大或误导性的描述来误导消费者。

广告策划人员应该准确了解和理解所推广的产品或服务，以便能够提供准确的信息。他们需要与产品开发团队或相关部门密切合作，获取真实而可靠的产品信息，并将其传达给消费者。

（二）遵守法律法规

广告策划人员需要遵守各国家和地区的广告法律法规。不同的地区可能对广告内容、宣传方式、目标受众等有不同的规定和限制。广告策划人员需要了解并遵守这些规定，确保广告活动的合法性和合规性。

一些常见的法律规定包括禁止虚假宣传、禁止误导消费者、禁止侮辱竞争对手等。广告策划人员应该避免使用夸张、不实或误导性的言辞来宣传产品或服务，不得对竞争对手进行恶意攻击或诋毁。

（三）建立诚信关系

广告策划人员需要与消费者建立起诚信的关系。他们应该尊重消费者的权益，提供准确和清晰的信息，使消费者能够做出明智的购买决策。

广告中所使用的图片、文字、声音等都应该真实反映产品或服务的实际情况。广告策划人员应该避免使用虚构的场景、不实的证明和虚假的承诺来误导消费者。

广告策划人员还可以通过引入第三方认证、评价和测试等方式来增加广告的透明度和可信度。例如，引入客户评价、专家推荐或权威机构认证等，以增加消费者对广告的信任和认可。

第三节　广告策划的流程

广告策划是一项复杂而关键的工作，它涉及多个阶段和环节。

一、策划目标确定阶段

广告策划的流程包括多个阶段，其中第一个阶段是策划目标确定。在这个阶段，广告策划团队需要明确广告活动的目标和目标受众，并制定相应的策略和计划。

（一）产品/服务了解

在广告策划开始之前，策划团队需要对产品或服务进行全面了解。他们需要知道产品或服务的特点、功能、优势以及与竞争对手的差异等。通过深入了解产品或服务，策划团队能够更好地把握广告活动的方向和重点。

（二）目标设定

在明确了产品或服务和受众人群的基础上，策划团队需要制定明确的广告目标。广告目标应该是具体、可量化的，例如增加品牌知名度、提高销售量、改善消费者认知等。通过设定明确的目标，可以帮助策划团队更好地衡量广告活动的效果，并进行后续的评估和优化。

（三）市场调研

在广告策划过程中，市场调研是非常重要的一环。通过市场调研，策划团队能够了解整个市场的情况和趋势，以及竞争对手的广告策略和优势。市场调研可以通过多种方式进行，如在线调查、实地访谈、数据分析等。通过市场调研，策划团队可以更好地把握目标受众的需求和市场的变化，为后续的策略制定提供依据。

（四）竞争分析

在广告策划中，了解竞争对手的广告策略和优势是非常重要的。策划团队需要对竞争对手进行分析，包括他们的品牌定位、广告内容、传播渠道等。通过竞争分析，策划团队可以找到与竞争对手的差异化切入点，并制定相应的广告策略，以吸引目标受众的注意力。

策划目标确定阶段是广告策划流程中的重要一环，它为后续的策略制定和创意设计提供了基础和方向。只有明确了目标和目标受众，才能制定出针对性强、具有吸引力的广告策略，从而达到广告活动的预期效果。

二、制定广告策略阶段

在制定广告策略阶段，广告策划团队需要根据之前确定的目标和目标受众，制定出具体的广告策略和计划。

（一）媒体选择

在制定广告策略阶段，首先要考虑的是选择合适的媒体渠道进行宣传。这需要根据目标受众的特征和媒体消费习惯进行分析和选择。不同的媒体平台有不同的特点和覆盖人群，例如电视、广播、户外、互联网等。策划团队需要根据产品或服务的性质和目标受众的特点，选择适合的媒体渠道进行广告投放。

（二）传播信息确定

广告活动的成功与否很大程度上取决于传播的核心信息。在制定广告策略阶段，策划团队需要确定广告传播的关键信息和主题。这需要根据产品或服务的特点和目标受众的需求进行分析和判断。通过明确核心信息和主题，可以帮助广告活动更好地吸引目标受众的注意力，并传达出准确的信息。

（三）创意形式和风格

广告创意是广告策划中的关键要素之一。在制定广告策略阶段，策划团队需要确定广告的创意形式和风格。创意可以通过文字、图像、音频、视频等多种方式来表达，需要选取适合目标受众和传播媒体的创意形式。同时，还需要考虑创意的风格，例如幽默、情感、正能量等，以及与品牌形象的一致性。

（四）预算制定

在广告策划中，预算的制定是非常重要的一环。策划团队需要根据广告目标、媒体选择、创意形式等因素，制定出合理的预算。预算的制定需要综合考虑广告投放的成本和效果，确保在有限的资源下获得最佳的广告效果。同时，还需要进行预算的分配，将资源合理地分配到不同的媒体渠道和创意制作上。

（五）时间安排

广告活动的时间安排也是制定广告策略阶段的重要内容。策划团队需要根据产品或服务的特点和市场情况，确定广告投放的时间节点和周期。这需要综合考虑目标受众的行为习惯、竞争对手的活动安排等因素，以确保广告能够在最佳的时机传达给目标受众。

三、广告执行与监测阶段

广告策划的最后一个阶段是广告执行与监测。在这个阶段，广告策划团队需要将之前制定的广告策略付诸实施，并进行监测和评估，以确保广告活动的效果和效益。

（一）广告物料制作

在广告执行与监测阶段，策划团队需要进行广告物料的制作。根据之前制定的广告策略和创意，将其转化为具体的广告素材，包括文字、图像、音频、视频等。广告物料的制作需要充分考虑目标受众的喜好和媒体平台的要求，确保广告能够吸引目标受众的注意力并传达准确的信息。

（二）广告投放

广告投放是广告执行与监测阶段的核心内容。在选择合适的媒体渠道后，策划团队需要将广告物料按照预定的时间表进行投放。投放方式可以包括电视、户外、互联网等多种形式，根据目标受众的特征和媒体消费习惯进行选择。投放过程中需要密切关注广告的曝光量和投放效果，确保广告能够达到预期的覆盖人群和传播效果。

（三）监测与数据收集

在广告执行与监测阶段，策划团队需要建立有效的监测机制，对广告活动进行实时的监测和数据收集。可以利用媒体数据、消费者反馈等方式，了解广告的曝光量、点击率、转化率等指标。通过监测和数据收集，可以及时了解广告活动的情况，发现问题并进行调整和优化。

（四）数据分析与评估

在监测和数据收集之后，策划团队需要进行数据分析和评估。通过对收集到的数据进行综合分析，可以了解广告活动的效果和回报，评估广告的影响力和效益。数据分析可以包括定量分析和定性分析，结合实际情况进行评估，并与之前设定的广告目标进行比较。

（五）优化与调整

根据数据分析和评估的结果，策划团队需要及时进行优化和调整。如果发现广告活动存在问题或未达到预期效果，可以根据数据分析的结果进行相应的优化措施，如调整媒体投放策略、修改广告创意等。优化与调整的目的是提高广告活动的效果和效益，确保广告能够更好地达到预期的目标。

（六）效果报告

在广告执行与监测阶段的最后，策划团队需要撰写广告效果报告。这份报告应该详细记录广告活动的执行情况、数据分析结果、评估结论以及优化措施等。效果报告可以作为对广告活动的总结和反思，同时也是对策划团队工作的一种总结和汇报。

第二章　广告策略制定

第一节　目标市场分析

目标市场分析是广告策略制定过程中的重要一环。通过对目标市场进行深入分析，可以帮助企业了解客户需求、行为和偏好，以便更准确地制定广告策略和推广活动。以下将结合一个案例详细介绍目标市场分析的重要性以及分析过程。

一、目标市场分析的重要性

目标市场分析的重要性在于帮助企业了解客户需求，并为其提供有针对性的产品开发和营销活动。

（一）了解客户需求

目标市场分析是企业深入了解客户需求、偏好和行为模式的重要工具。通过调研、数据分析和市场趋势预测，企业可以获取客户的反馈和洞察，从而准确把握他们的需求和期望。这样，企业就能够更加精确地开发出符合客户期望的产品和服务。

目标市场分析可以帮助企业了解客户需求。通过调研，企业可以主动与客户进行沟通，了解他们的真实需求和期望。调研可以通过面对面访谈、问卷调查等方式进行，以获取客观和可靠的数据。还可以通过社交媒体平台、在线论坛等渠道收集客户的意见和建议。这些调研结果可以帮助企业更好地理解客户的喜好、购买习惯以及对产品或服务的态度，从而有针对性地进行产品开发和优化。

数据分析在目标市场分析中起到关键作用。企业可以通过收集和分析大量的市场数据，揭示客户的消费行为和偏好。例如，可以通过销售数据、客户数据库、网站流量统计等来了解客户的购买习惯、消费频率和消费金额等信息。同时，数据分析还可以帮助企业发现市场的潜在机会和趋势，从而为产品创新和市场拓展提供依据。

市场趋势预测也是目标市场分析的重要组成部分。通过对市场的趋势进行研究和分析，企业可以预测未来的市场走向和客户需求的变化。这样，企业就能够及时调整自己的战略和产品定位，以适应市场的变化并满足客户的需求。

（二）确定市场机会

目标市场分析不仅可以帮助企业了解客户需求，还能够帮助企业确定潜在的市场机会。通过对目标市场的细致研究，企业可以发现市场中的空白点和尚未满足的需求，从而为企业提供创新的机会。

目标市场分析可以揭示市场中的空白点。通过调研和数据分析，企业可以发现目标市场中存在的未被满足或不完全满足的需求。这些需求可能是由于竞争对手的产品缺陷、市场变化或消费者新兴需求等原因造成的。识别这些空白点意味着企业可以开发出针对这些需求的新产品或服务，并在市场上获得竞争优势。

目标市场分析可以帮助企业发现尚未满足的需求。通过深入了解客户的喜好、购买习惯和行为模式，企业可以发现一些尚未被满足的需求。这些需求可能是客户对产品功能的期望、对服务质量的要求或对购买体验的改进等方面的需求。发现并满足这些尚未满足的需求，企业可以在市场上建立起差异化竞争优势，吸引更多的目标客户。

目标市场分析还可以帮助企业发现新兴市场和趋势。通过对市场趋势的预测和分析，企业可以抓住新兴市场的机会，并及时调整自身的战略和产品定位。例如，在数字化转型、环保意识提升等趋势下，企业可以开发出符合这些趋势的产品或服务，满足不断变化的市场需求。

（三）提高竞争力

目标市场分析对于企业提高竞争力至关重要。它可以帮助企业了解竞争对手的优势和劣势，并发现自身的差距，从而采取针对性的改进和创新措施，以增强自身的竞争力。

通过调研和数据分析，企业可以收集到关于竞争对手的信息，包括其产品特点、定价策略、品牌形象等方面的信息。这样，企业可以全面了解竞争对手的优势所在，包括他们的创新能力、产品质量、市场份额等方面的优势。同时，也能够识别竞争对手存在的劣势和不足之处。

通过比较竞争对手的优势和自身的实力，企业可以确定自己的竞争优势所在。这可能涉及产品的独特性、品牌的声誉、服务的质量等方面。通过明确自身的优势，企业可以更好地进行定位和营销，吸引目标客户并赢得市场份额。

同时，目标市场分析还可以帮助企业发现自身的差距和改进的空间。通过对竞争对手产品特点、定价策略等方面的比较，企业可以发现自身存在的不足之处。这些不足可能是产品功能不够强大、价格过高、品牌形象不够突出等。在发现差距的基础上，企业可以采取针对性的改进和创新措施，提升产品的竞争力，满足客户的需求。

（四）降低风险

目标市场分析对于企业降低风险至关重要。它可以帮助企业评估市场的潜在风险和不确定性，并为企业采取相应的措施做好准备，以降低经营风险。

目标市场分析可以帮助企业了解市场环境。通过研究市场的政策法规、经济状况、社会文化等因素，企业可以了解市场的整体情况和趋势。这有助于企业预测市场的发展方向，及时调整自身的战略和策略，避免受到市场环境变化的冲击。

目标市场分析可以帮助企业评估消费者行为和需求的不确定性。通过深入了解目标客户的购买行为、消费习惯以及对产品或服务的态度，企业可以预测消费者的需求变化和购买决策的不确定性。这有助于企业制定灵活的营销策略和产品开发计划，以适应消费者需求的变化，减少产品滞销和库存积压的风险。

同时，目标市场分析还可以帮助企业识别潜在的市场风险。通过对市场趋势的预测和分析，企业可以发现可能存在的市场风险，如市场饱和、技术变革、新兴竞争对手等。这使企业能够提前制定风险管理计划，并采取相应的措施，以降低潜在风险对业务的影响。

二、双柏妥甸酱油案例分析

双柏妥甸酱油厂位于云南省的双柏县，距今已有 600 多年的历史。1958 年建厂，坚持自然发酵 18 个月，是当地人耳熟能详、津津乐道、引以为豪的调味品品牌。

该企业通过展示酱油的历史、制作工艺和地方特色等，吸引游客参观和体验（如图 2-1 所示）。

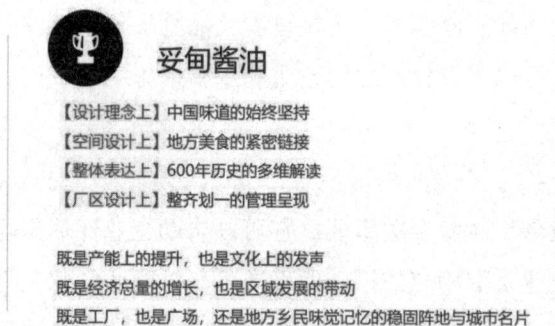

图 2-1 双柏妥甸酱油"妥"的寓意[①]

下面将结合该案例来说明目标市场分析在广告策略制定中的应用。

（一）潜在消费者群体

根据双柏妥甸酱油文化的主题和特色，潜在消费者群体主要包括对酱油文化感兴趣的游客、家庭主妇、美食爱好者等。他们对传统文化和地方特色有较高的关注度。

对于那些对传统文化和历史感兴趣的游客来说，双柏妥甸酱油文化园提供了一个了解酱油制作过程和文化背景的机会。这些游客可能是热衷于历史文化的学生、文化爱好者、旅行探索者等。他们希望通过参观这样的景点，深入了

---

① 楚雄妥甸酱油广告策划提案内页，分析了妥甸酱油之"妥"的基本寓意，潘子尧策划。

解当地的传统酱油文化，感受历史的沉淀和传承。他们对于古老的制作工艺、文化故事以及酱油在当地的重要地位非常感兴趣。

　　家庭主妇也是潜在的消费者群体。对于她们来说，双柏妥甸酱油文化园不仅是一个旅游景点，更是一个提供家庭调味品的购买场所。家庭主妇们关注食品的质量、安全性以及包装样式（详见图 2-2），他们希望购买到正宗的当地特色产品，而双柏妥甸酱油作为一种传统的调味品，具有独特的口感和风味，能够满足他们对于家庭烹饪的需求。

　　美食爱好者也是潜在的消费者群体。他们对于不同地方的美食文化非常感兴趣，并愿意探索各种新奇的食材和烹饪方式。双柏妥甸酱油文化园提供了一个了解酱油在当地菜肴中的应用和独特风味的机会，这些美食爱好者可以通过参观园区来丰富自己的美食文化知识，并尝试在烹饪中使用当地的特色酱油，使菜肴更加地道和美味。

图 2-2　双柏县妥甸酱油瓶身包装设计①

① 楚雄州双柏县妥甸酱油瓶身包装设计，田维星摄，云南文旅发布，2023 年 3 月 24 日。

（二）市场规模和增长趋势

通过市场调研和分析，可以了解到当前国内旅游市场持续增长，而文化旅游需求也逐渐增加。双柏县作为一个具有历史文化的城市，吸引了大量游客前来观光，这为双柏妥甸酱油文化园提供了良好的发展机遇（图2-3）。

在市场规模方面，国内旅游市场的规模不断扩大，消费者对于文化体验和地方特色的追求日益增加。传统的文化景点已经不能完全满足消费者的需求，因此，像双柏妥甸酱油文化园这样结合传统文化和地方特色的旅游景点具有较大的发展潜力。游客们希望通过参观这类景点，了解当地的历史和文化，并获得独特的体验和记忆。

针对市场增长趋势，双柏妥甸酱油文化园可以采取多种策略来应对。可以开发与酱油相关的副产品，例如推出自己品牌的酱油礼盒、小样等，让游客在参观之后能够购买到正宗的当地酱油产品，延长他们对于品牌的记忆和认同。同时，可以多维度解读产品，通过讲解酱油的历史、古法制作工艺和食用方法等，提供更丰富的文化体验。

可以研究配套的饮食、生活主张，与现有的酒店行业、地产行业合作，快速优化品牌配套，开发更多的产品组合形态，丰富业态形式。例如，与当地餐饮企业合作，推出以双柏妥甸酱油为主题的特色菜肴，将酱油文化与美食文化相结合，吸引更多消费者前来品尝。

还可以深度解读品牌，将核心元素逐步融入景观规划建设中，通过景观设计、展示区域布置等方式，将品牌的价值和文化内涵在园区内"放大"。这样可以增加游客的参与度和互动性，提升品牌的知名度和影响力。

除了旅游市场，双柏妥甸酱油文化园还可以发展服务教育基地的概念，与学校和教育机构合作，开展酱油文化的教育推广活动。通过举办讲座、展览等形式，向学生和社区居民传播酱油文化的知识，培养对于传统文化的兴趣和认同。

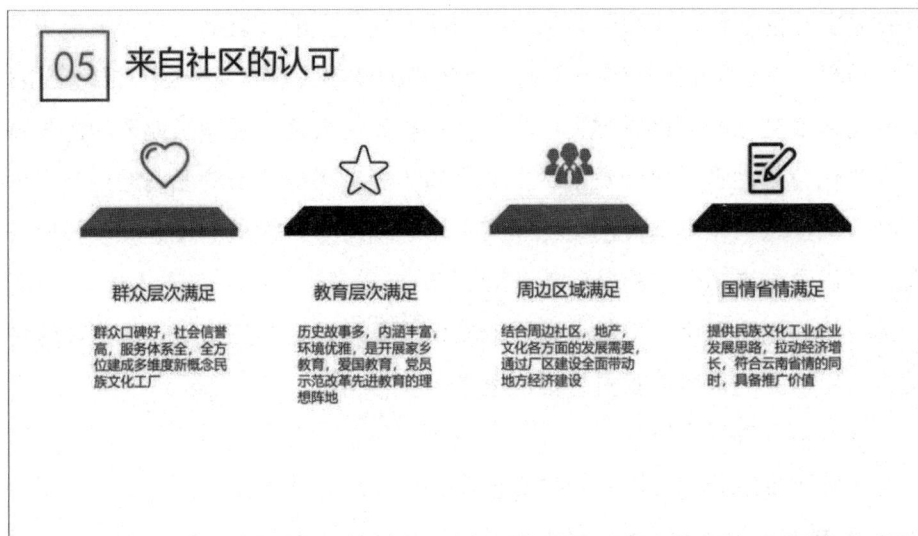

图 2-3　双柏妥甸酱油的功用①

（三）竞争对手分析

在同类旅游景点中，双柏妥甸酱油文化园面临着多个与酱油文化相关的竞争对手，包括传统酱油工坊以及其他知名酱油品牌如日本酱油和海天酱油等。通过分析竞争对手的特点和市场份额，可以发现自身的优势和差距，并制定针对性的广告策略。

1.传统酱油工坊

传统酱油工坊是潜在的竞争对手。传统酱油工坊通常以实际的酱油生产为主要内容，游客可以亲自参与制作过程，并购买到现场酿造的酱油产品。与之相比，双柏妥甸酱油文化园更注重酱油文化的宣传和传承，将酱油制作过程融入一个更大的历史和文化背景中。通过展示酱油的历史演变、地方特色和当地人的饮食习惯，双柏妥甸酱油文化园可以打造出一种更加综合和丰富的酱油文化体验，吸引那些希望了解更多酱油文化内涵的游客。

2.知名酱油品牌

知名酱油品牌如日本酱油和海天酱油也构成了竞争对手。日本的酱油盐分比例精确到1%。除了关键品牌外，工艺系统基本对国民开放，是日本人了解

① 楚雄妥甸酱油广告策划提案内页，分析了妥甸酱油设计的四大功用，潘子尧策划。

自身饮食文化的窗口。而海天酱油拥有 200 万吨的产能，自称为世界上最大的"酱油航母"。这些品牌在国内市场享有较高的知名度和市场份额。相比之下，双柏妥甸酱油文化园可以通过突出本土特色和传统工艺，强调当地酱油的独特风味和文化背景，吸引那些对于本土文化和历史感兴趣的消费者。通过与当地旅行社合作，将双柏妥甸酱油文化园纳入旅游线路中，提供丰富的旅游体验和套餐，可以吸引更多游客前来参观和购买。

针对这些竞争对手，双柏妥甸酱油文化园可以制定相应的广告策略和营销活动，突出自身的优势并吸引目标消费者。

（四）消费者行为研究

对于此类旅游景点，消费者通常会在旅行前进行线上搜索和咨询，以了解相关信息并做出决策。因此，双柏妥甸酱油文化园需要在互联网平台上进行推广和宣传，提供详细的景区介绍、游玩攻略等，以吸引潜在游客的注意。

互联网已成为人们获取信息的主要渠道之一，尤其对于旅游景点的选择和规划更是如此。潜在游客往往通过搜索引擎、社交媒体、旅游论坛等在线平台来获取有关景点的信息。双柏妥甸酱油文化园需要在这些平台上做好推广和宣传，以确保自身的曝光度和知名度。

互联网推广应注重提供详细的景区介绍，包括酱油文化的历史背景、制作工艺、特色表演等。通过文字、图片、视频等多种形式，向潜在游客展示双柏妥甸酱油文化园的独特之处，激发他们兴趣和好奇心。例如，在老厂区，从入口北侧建筑到办公楼东侧建筑为两条线，保存原貌，展示历史，讲述妥甸的老故事。或围绕生产制备车间为一个面，通过外立面的简单修葺与知识系统植入，规范整体效果，实现形式上的整齐划一等。同时提供实用的游玩攻略，包括开放时间、门票价格、交通指南等信息，方便游客进行规划和安排。

在互联网推广中，应注重与潜在游客的互动和沟通。通过社交媒体平台建立品牌形象，组建粉丝群体或者开发公众号，构筑围绕品牌发展的生活方式，定期发布有关双柏妥甸酱油文化园的动态、活动和优惠信息，吸引用户参与讨论和分享。同时，可以设置在线预订系统，方便游客提前购买门票或预订相关服务，提高便捷性和用户体验。

在消费者行为研究中，还需要关注消费者的旅游决策过程和影响因素。消费者在选择旅游景点时，通常会考虑个人兴趣爱好、口碑评价、朋友推荐、价格等多个因素。因此，双柏妥甸酱油文化园可以通过积极管理用户评价和口碑，提供优质的服务和体验，树立良好的品牌形象，增加消费者的选择意愿和信任度。

通过以上目标市场分析，双柏妥甸酱油文化园可以更加深入地了解自身的目标消费者群体，并针对性地制定广告策略。

第二节　消费者行为分析

消费者行为分析有助于企业了解消费者在购买决策过程中的心理和行为特点，从而制定更有效的营销策略。

一、消费者行为分析的内容

（一）购买决策过程

购买决策过程是消费者在购买某一产品或服务时所经历的一系列阶段，包括需求识别、信息搜索、评估选择、购买决策和后续评估。了解每个阶段的特点和影响因素，对企业制定相应的营销策略和沟通方式具有重要意义。

1.需求识别

需求识别是购买决策过程的第一阶段。在这个阶段，消费者会意识到自己存在某种需求或问题，需要寻找相应的解决方案。需求可以来自内部刺激（如生理需求、心理需求）或外部刺激（如广告、朋友推荐）。消费者可能会主动寻找解决方案，也可能被引导或激发出需求。

在这个阶段，企业可以通过广告、促销活动等手段提高产品的曝光度，引起消费者的注意，并激发其对产品或服务的需求。

2.信息搜索

一旦消费者认识到自己的需求，他们会开始主动搜索相关的信息，以找到满足需求的产品或服务。信息搜索可以通过不同的渠道进行，包括互联网、口碑传播、媒体广告、朋友或家人的建议等。消费者通常会收集多种信息源，并对其进行比较和评估。

在这个阶段，企业应该提供准确和详细的产品信息，使消费者能够轻松获取所需的信息。还应积极参与社交媒体和在线讨论，回答消费者的问题，增强消费者对产品或服务的信任感。

3.评估选择

在信息搜索阶段之后，消费者将对收集到的信息进行评估和比较，以决定最终的购买选择。他们可能会根据产品特点、价格、品牌声誉、口碑评价等因素进行权衡和决策。在这个过程中，消费者还可能会形成偏好和态度，对不同选项进行排除或优先考虑。

在这个阶段，企业需要展示产品的优势和独特性，通过提供明确的差异化价值主张，帮助消费者更容易做出决策，并选择自己的产品或服务。

4.购买决策

购买决策是指消费者做出最终购买行为的决策。在这个阶段，消费者会考虑到各种因素，如价格、可用性、购买渠道和支付方式等。消费者可能会选择在线购买、线下购买或通过第三方平台进行购买。

在这个阶段，企业需要提供便捷的购买方式和安全的支付方式，以促使消费者完成购买行为。同时，提供良好的售后服务和退换货政策，帮助消费者建立信任感和忠诚度。

5.后续评估

购买决策过程并不止于购买行为，消费者还会对所购买的产品或服务进行后续评估。他们会评估产品的性能、质量、满意度以及与预期的符合程度。这些评估结果将影响消费者未来的购买决策和对品牌的态度。

在这个阶段，企业应该关注消费者的反馈和评价，并及时采取措施解决问题。积极回应消费者的意见和建议，改进产品和服务质量，提高客户满意度。

（二）消费者需求和偏好

了解消费者的需求和偏好对企业来说至关重要。消费者的需求可以分为功能性需求、情感性需求和社会需求。通过市场调研和数据分析等手段，企业可以获取客观的消费者信息，为产品设计和营销活动提供依据。

1.功能性需求

功能性需求是指消费者购买产品或服务来满足某种实际需求的情况。这些需求通常与产品或服务的基本功能相关。例如，消费者购买一台电视是因为他们需要一个娱乐工具来观看节目和电影。消费者购买一件衣服是因为他们需要一种合适的着装来满足日常生活的需求。

在了解功能性需求时，企业应该清楚地了解消费者的实际使用场景和期望。通过市场调研和用户反馈，企业可以了解消费者对于产品功能的需求程度和优先级。这将有助于企业确定产品的核心特点，并确保产品能够满足消费者的实际需求。

2.情感性需求

情感性需求是指消费者购买产品或服务以满足情感上的愉悦、满足或表达的需求。这些需求通常与个体的情感体验、品位和个性相关。例如，消费者购买一辆豪华汽车是因为他们追求舒适和奢华的体验。消费者购买高端化妆品是因为他们希望提升自己的形象和自信心。

了解情感性需求对企业来说非常重要。通过市场调研和消费者洞察，企业可以了解消费者对于产品外观、品牌声誉、服务质量等方面的情感偏好。这将有助于企业设计出具有吸引力的产品和品牌形象，满足消费者在情感上的需求。

3.社会需求

社会需求是指消费者购买产品或服务以满足社会地位、认同感和社交需求的情况。这些需求通常与个体在社会环境中的角色和身份有关。例如，消费者购买奢侈品是因为他们希望展示自己的社会地位和经济实力。消费者购买环保产品是因为他们关注环境保护，希望做出积极的社会贡献。

通过市场调研和社会趋势分析，企业可以了解消费者对于社会责任、可持续发展等方面的关注程度。这将有助于企业设计出符合消费者价值观和认同感的产品和品牌形象，满足他们在社会上的需求。

（三）消费者行为模式

消费者行为模式指的是消费者在购买过程中所展现出的一系列行为和决策习惯。了解消费者的行为模式有助于确定适当的分销渠道和促销策略，提高销售效率和客户满意度。

1.购物渠道偏好

消费者的购物渠道偏好指的是他们选择购买产品或服务时更倾向于使用的渠道。例如，有些消费者喜欢线上购物，通过电子商务平台进行购买，而另一些消费者更喜欢到实体店铺进行购物。还有一些消费者可能会选择使用多种渠道进行购物，根据不同的需求和情境做出选择。

了解消费者的购物渠道偏好有助于企业确定合适的分销渠道和销售策略。企业可以通过市场调研和数据分析等手段，了解消费者在不同渠道上的购买偏好，并相应地调整自己的销售渠道布局和促销策略，以满足消费者的需求。

2.购买频率

购买频率是指消费者在一定时间内进行购买的次数。不同消费者的购买频率会因个体差异和产品特性而有所不同。有些消费者可能会经常购买某种产品，而另一些消费者则更倾向于低频购买。

了解消费者的购买频率可以帮助企业确定合适的销售策略。对于高频购买的消费者，企业可以采取订阅服务、会员制度等方式来增加他们的忠诚度和购买量。对于低频购买的消费者，企业可以通过市场推广、促销活动等手段来刺激他们的购买意愿，提高购买频率。

3.支付方式

支付方式是指消费者在购买产品或服务时所选择的支付方式,如现金支付、信用卡支付、移动支付等。不同消费者可能会有不同的支付习惯和偏好，这可能与他们的个人喜好、安全性考虑以及支付便利性有关。

了解消费者的支付方式偏好有助于企业提供方便快捷的支付方式，提高购物体验和客户满意度。企业可以与各种支付机构合作，提供多样化的支付方式选项，以满足不同消费者的需求。

二、消费者行为分析的方法

（一）问卷调查

问卷调查是一种常用的消费者行为分析方法，通过设计问卷并对目标受众进行调查，以了解他们的购买决策过程、需求和偏好等信息。问卷调查可以采用多种方式进行，包括面对面访谈、电话调查和在线调查等。

在进行问卷调查时，需要先确定调查的目标受众，即要了解的消费者群体。然后设计合适的问题，涵盖购买决策的各个方面，例如购买动机、购买频率、产品特征偏好、价格敏感度等。问题的设计应该清晰明确，避免造成误解或模糊回答。

问卷调查可以采用不同的调查方式进行。面对面访谈是指研究人员亲自与受访者进行面对面交流，可以更深入地了解消费者的观点和反馈。这种方式能够获得详细的信息，但也存在时间和人力成本较高的问题。电话调查则是通过电话与受访者进行交流，相比面对面访谈，成本较低，但相应地会有一定的沟通限制。

随着互联网的普及，在线调查成为一种常用的问卷调查方式。通过在互联网上发布调查链接或电子邮件邀请，可以快速地收集大量的数据。在线调查具有灵活性和高效性的优势，但也需要注意样本的代表性和问卷的可信度。

（二）深度访谈

深度访谈是一种消费者行为分析的方法，通过与个别消费者进行深入访谈，探索其购买动机、心理需求和行为特点。与问卷调查相比，深度访谈能够更加全面地了解消费者的内心想法和感受，获取更详细的信息。

在进行深度访谈时，需要选择具有代表性的目标消费者，并确保访谈过程能够真实反映他们的观点和体验。研究人员需要耐心倾听，给予被访者充分的发言空间，以便挖掘出更深层次的信息。同时，访谈过程中也需要灵活应对，根据消费者的回答展开进一步的追问或引导。

深度访谈的目的是了解消费者的购买决策背后的驱动因素。通过讨论消费者的购买动机、心理需求和行为特点等方面的问题，可以揭示出他们的真实意图和期望。例如，消费者可能会提及对产品品质的重视、对品牌形象的认同、对价格的敏感度等因素。这些信息对企业来说非常宝贵，可以帮助他们更好地了解目标消费者，并根据需求做出相应的产品改进或营销策略调整。

深度访谈还能够帮助企业发现一些隐藏的消费者洞察。通过与消费者的亲密接触，研究人员可以挖掘出一些消费者自身并未察觉到的需求和问题。这些洞察对于企业来说是非常有价值的，可以为他们提供创新的灵感和竞争优势。

深度访谈也存在一些挑战和限制。深度访谈需要投入大量的时间和人力资源，因为每个访谈都需要进行较长时间的交流；受访者的主观意识和回忆偏差可能会影响访谈结果的准确性；由于样本数量有限，深度访谈的结果可能不具备普适性，不能代表整个消费者群体的行为。

（三）观察法

通过观察消费者在购买环境中的行为和反应，了解其实际的购买决策过程。观察可以通过实地观察和视频录像等方式进行。

实地观察是指研究人员亲自前往实际购买场景，并以旁观者的身份记录和观察消费者的行为。这种方法可以直接观察到消费者在购物过程中的各个细节和互动情况。例如，在零售店的货架前观察消费者选择商品的过程，或者在餐厅观察消费者点餐的行为等。通过实地观察，研究人员可以获取消费者的真实行为数据，了解他们在购买过程中的偏好、决策因素以及与其他消费者和销售人员的互动情况。

另一种观察方法是通过视频录像来观察消费者行为。研究人员可以使用摄像设备将消费者在购物环境中的行为和互动进行录像，后期进行分析。视频录像的优势在于可以多次回放和细致分析，以获取更全面的数据。同时，视频录像还可以避免观察过程中的主观偏差，对于一些复杂或长时间的购买行为特别有用。

观察法的优势在于能够直接观察消费者的实际行为，获得客观的数据。通过观察消费者在购买环境中的行为和反应，可以了解他们的购买决策过程、产品选择依据、交互方式等。这些信息对于企业来说非常重要，可以帮助他们优化产品展示、改进销售策略，并提供更好的购物体验。

然而，观察法也存在一些限制。观察的结果受到观察者主观意识和偏见的影响，可能会引入误差；观察法往往只能观察到表层行为，很难获取消费者的内心想法和动机。因此，观察法通常需要与其他方法（如问卷调查或深度访谈）相结合，以获取更全面和准确的消费者行为数据。

（四）市场调研

市场调研是一种重要的消费者行为分析方法，通过对市场数据和趋势的分析，了解整体市场规模、增长趋势和竞争情况，从而为企业制定有效的营销策略提供依据。市场调研可以通过采集第一手数据和第二手数据来完成。

第一手数据指的是通过直接采集的原始数据，例如销售数据、用户调研等。通过分析销售数据，可以了解产品的销售情况、销售额的变化趋势以及不同细分市场的表现。用户调研可以通过设计问卷或深度访谈等方式获取消费者的反馈和意见，了解他们的购买偏好、满意度和需求等。这些第一手数据可以提供详细的信息，帮助企业更好地了解目标市场和消费者行为。

第二手数据指的是通过已有的市场报告、行业分析等公开渠道获取的数据。市场报告通常由专业机构或研究公司编制，涵盖了市场规模、增长趋势、竞争格局、消费者洞察等方面的信息。行业分析则是对特定行业进行深入研究，分析市场结构、竞争力、发展趋势等。通过分析第二手数据，可以了解整体市场的情况，获取行业和竞争对手的动态信息，为企业决策提供参考依据。

市场调研的目的是获取全面的市场情报，以便企业制定有效的营销策略。通过市场调研，企业可以了解消费者的需求和偏好，确定目标市场的规模和增长潜力，评估竞争对手的实力和策略，掌握市场趋势和变化，从而更好地满足消费者需求，提高市场竞争力。

但市场调研需要投入一定的时间和资源，包括人力、财力和技术支持等。市场情况和趋势可能会受到多种因素的影响，包括经济环境、政策法规、社会文化等，因此需要综合考虑多个因素进行分析。

第三节　产品定位与品牌策略

在广告策略制定中，产品定位与品牌策略也是非常重要的。通过明确定位和建立独特的品牌形象，可以使产品在市场上脱颖而出，吸引目标消费者，并提升品牌价值和竞争力。

一、产品定位

产品定位是指为了满足目标市场需求，将产品在市场上的位置明确化的过程。它需要考虑到目标消费者、竞争对手以及产品的特点和优势。以下是产品定位的几个关键要素：

（一）目标市场

在产品定位过程中，明确产品的目标市场是至关重要的。通过确定目标市场的特征，包括年龄、性别、地理位置、兴趣爱好等方面，企业可以更加精准地制定针对性的营销策略，提高市场竞争力。

1.年龄和性别特征

产品的目标市场应该明确产品适合的年龄段和性别。不同年龄段和性别的消费者有着不同的需求和购买行为。例如，某款化妆品可能更适合年轻女性消费者，而护肤品可能更受到中年女性的青睐。通过确定目标市场的年龄和性别特征，企业可以更好地了解消费者的喜好和需求，从而提供符合他们期望的产品和服务。

2.地理位置特征

目标市场的地理位置特征也是一个重要考虑因素。不同地区的消费者具有不同的文化背景、生活方式和消费观念。企业需要根据产品的特点和目标市场的地理分布，进行区域性的市场划分和定位。例如，某个城市的消费者对于健康食品的需求可能更高，而农村地区的消费者对于农产品的需求可能更为迫切。因此，在制定营销策略时，要根据不同地理位置的特点，有针对性地满足目标市场的需求。

3.兴趣爱好和消费习惯

不同人群有着不同的兴趣爱好和购物方式。通过分析目标市场的消费习惯，企业可以更好地选择合适的销售渠道和推广方式。例如，年轻人更倾向于在线购物和社交媒体，而中老年人则更喜欢实体店和传统媒体。因此，企业需要根据目标市场的兴趣爱好和消费习惯，制定相应的营销策略，以提高产品的曝光度和销售量。

（二）产品特点和优势

通过清晰地了解产品的功能特点、质量优势、价格优势等方面的信息，企业可以在市场上脱颖而出，吸引消费者的注意力，并建立竞争优势。

1.功能特点

产品的功能特点是指产品所提供的独特功能和性能。这些功能特点能够满足消费者的需求和期望，使产品具有与众不同的竞争优势。企业需要准确地描述产品的功能特点，并将其与竞争对手进行比较。例如，某个手机品牌可能拥有更高像素的摄像头、更快的处理器速度或更先进的安全功能，这些都是产品的功能特点，能够吸引目标消费者的兴趣。

2.质量优势

产品的质量优势是指产品在质量方面相对于竞争对手具有的明显优势。消费者通常会倾向于购买质量可靠、耐用的产品。因此，企业需要强调产品的质量保证措施、生产工艺和材料选择等方面的优势。例如，某个汽车品牌可能以其严格的质量检测标准、优质的零部件和可靠的性能而闻名，这些都是产品的质量优势，能够赢得消费者的信任和忠诚。

3.价格优势

产品的价格优势是指产品在价格方面相对于竞争对手具有的优势。价格是消费者购买决策的重要因素之一。企业可以通过降低生产成本、提高效率或实施差异化定价策略来获得价格优势。例如，某个家电品牌可能通过规模经济效应和供应链管理的优势，提供价格更为合理的产品，吸引消费者选择其产品。

4.创新性

产品的创新性是指产品在市场上的独特性和创新程度。创新是推动市场发展和满足消费者需求的关键因素。企业需要不断进行研发和创新，提供具有前瞻性和差异化的产品。创新性的产品能够吸引消费者的兴趣并赢得市场份额。

例如，某个科技公司推出了全新的智能家居系统，通过与其他设备的互联和自动化控制，提供更便捷、智能化的家居体验，这种创新性的产品能够吸引消费者的关注和购买意愿。

二、品牌策略

品牌策略是指通过塑造独特的品牌形象，提高品牌认知度和价值，从而吸引目标消费者并建立忠诚度。以下是品牌策略的几个关键要素：

（一）品牌形象

品牌形象是指品牌在消费者心中的整体印象和感知。它包括品牌的视觉形象、品牌声音以及品牌的核心价值观和个性特征。品牌形象的塑造能够帮助企业与目标市场建立情感连接，增强品牌认知度，提高消费者忠诚度。

1.视觉形象

品牌的视觉形象是通过品牌标志、颜色、字体等元素传达给消费者的信息。这些元素能够唤起消费者对品牌的联想和识别。例如，可口可乐的红色标志和波浪形状的字体，使其品牌形象充满活力和年轻感；苹果公司的苹果标志和简洁的白色外观，则传递出科技和创新的形象。品牌的视觉形象需要与产品的定位和目标市场的需求相匹配，以确保消费者对品牌的感知是一致而积极的。

2.声音形象

品牌的声音形象是通过口号、广告语等声音元素传达给消费者的信息。声音形象能够激发消费者的情感共鸣和记忆。例如，宝马汽车的口号"驾驶的乐趣"强调了其产品的驾驶体验和激情；麦当劳的广告语"I'm lovin' it"则传递出积极、快乐的形象。声音形象需要与品牌的核心价值观和目标市场的情感需求相一致，以提升品牌的认知度和影响力。

3.核心价值观和个性特征

品牌的核心价值观是指品牌所代表的价值观和理念。它反映了品牌对于社会责任、环境保护、创新等方面的关注和承诺。例如，谷歌的核心价值观是"不作恶"，强调诚信和道德；耐克的核心价值观是"Just Do It"，鼓励个人勇气和奋斗精神。品牌的个性特征则是品牌在消费者心中的独特个性和形象，例如有活力、时尚、可靠等。核心价值观和个性特征能够帮助品牌建立与目标市场的情感连接，并树立起独特的品牌形象。

（二）品牌传播

品牌传播是通过各种广告和宣传手段，将品牌形象传达给目标消费者的过程。品牌传播的目标是有效地传递品牌的核心价值和与目标消费者的共鸣，以建立品牌认知度、提升品牌形象和促进消费者购买行为。

1.广告媒体选择

在品牌传播中，选择合适的广告媒体非常重要。广告媒体的选择应根据目标消费者的特征和媒体的覆盖面、受众定位、效果等因素进行综合考虑。不同的媒体适用于不同类型的产品和目标市场。例如，电视广告可以传达大量信息，适合较广泛的目标市场；社交媒体广告可以精准地定位目标消费者，适合特定的人群。通过选择合适的广告媒体，品牌可以更好地触达目标消费者，提高传播效果。

2.广告内容和创意设计

广告内容和创意设计对品牌传播起着关键作用。广告内容应该能够准确地传达品牌的核心价值和优势，引起消费者的兴趣和共鸣。创意设计需要有吸引力、独特性和与品牌形象相符合的特点，以提高广告的记忆度和影响力。通过有趣、创新和情感化的广告内容和创意设计，品牌可以吸引目标消费者的注意力，并使其对品牌产生积极的印象。

3.整合营销传播

品牌传播应该采取整合营销传播的方式，将不同的传播渠道和手段结合起来，形成一个一致而强大的传播效果。整合营销传播可以包括广告、公关活动、促销、赞助等多种方式。例如，在电视广告的同时，可以通过社交媒体进行互动和用户生成内容，进一步扩大品牌的影响力。通过整合营销传播，品牌可以在不同的媒体和场景中出现，提高品牌的曝光度和传播效果。

4.用户口碑和用户体验

品牌传播还包括通过用户口碑和用户体验来传达品牌形象。消费者对于其他消费者的评价和推荐往往具有更高的说服力。因此，企业需要注重产品质量和服务的提升，以获得消费者的好评和口碑传播。通过积极管理用户体验和品牌口碑，企业可以在消费者心中建立起良好的品牌形象，增加品牌的信任度和忠诚度。

（三）品牌管理

品牌管理是指对品牌形象和品牌价值进行监控和维护的过程。它涉及保护品牌知识产权、解决消费者投诉、与渠道合作伙伴的沟通和协调等方面。有效的品牌管理可以帮助企业建立并保持良好的品牌声誉，提高品牌价值和市场竞争力。

1.品牌知识产权保护

在竞争激烈的市场环境中，企业需要采取措施确保自己的品牌标志、商标、专利和版权等在法律上得到充分的保护。这样一来，企业才能够建立并维护自己的品牌形象，增强品牌的市场价值。

品牌商标是企业的重要资产之一，通过注册可以确保该商标的独占性，防止他人未经授权使用相同或相似的商标。注册品牌商标可以有效地防范市场上的侵权行为，避免其他企业冒用品牌标志，损害企业的声誉和利益。

随着互联网的快速发展，盗版、假冒等侵权行为变得更加猖獗。企业应当通过定期监测市场，寻找侵权行为并及时采取相应措施。这可以包括与相关部门或组织合作，共同打击侵权行为，保护自身品牌的合法权益。

品牌知识产权的保护不仅可以防止他人滥用品牌形象，还能够维护品牌的独特性和价值。通过保护品牌的知识产权，企业能够确保自己在市场上的竞争优势，建立消费者对品牌的信任和认同。同时，品牌知识产权的保护也有助于企业打击假冒伪劣产品，维护消费者的权益，净化整个市场的商业环境。

2.消费者关系管理

消费者关系管理在品牌管理中扮演着重要角色。它涉及企业与消费者之间的互动和沟通，旨在建立长期稳定的关系，提高消费者的满意度和忠诚度。

消费者是品牌的重要利益相关者，他们的反馈可以提供有价值的信息，帮助企业了解产品的优点和不足之处。通过建立有效的客户服务体系，例如设置客服热线、建立在线客服平台等，企业可以与消费者保持密切联系，及时回应消费者的问题和需求。这种积极的沟通与反馈机制可以增强消费者对品牌的信任感，改善客户体验。

当消费者遇到问题或不满意的情况时，他们往往会提出投诉。企业需要设立专门的投诉接待渠道，并且能够及时、公正地处理消费者的投诉。通过妥善解决消费者的问题，企业可以赢得消费者的认可和口碑。同时，投诉处理过程也是企业了解和改进自身问题的重要途径，有助于提升产品质量和服务水平。

3.渠道合作与沟通

渠道合作与沟通涉及企业与各种渠道伙伴之间的紧密合作，以确保产品的流通和销售。

企业需要与分销商、零售商和供应商等渠道伙伴建立良好的合作关系。这意味着双方应该有共同的目标和利益，相互信任和支持。通过建立长期稳定的合作关系，企业可以获得更广泛的市场覆盖，将产品送达更多的消费者手中。同时，渠道伙伴也能够从中获得销售提成和利润，形成互利共赢的局面。

企业需要与渠道伙伴保持密切联系，及时了解市场动态和需求变化。通过定期的会议、电话交流或在线平台的沟通，双方可以分享信息、解决问题，并制定共同的营销策略和销售计划。这种沟通和协调的过程有助于双方更好地理解彼此的需求和挑战，减少误解和摩擦，提高合作效率和效果。

企业应该向渠道伙伴提供产品知识、销售技巧和市场信息等方面的培训，帮助他们更好地推广和销售产品。同时，企业还需要提供必要的支持和资源，例如市场推广资料、展示器材等，以帮助渠道伙伴提高销售能力和市场竞争力。

通过有效的产品定位和品牌策略，企业可以在激烈的市场竞争中脱颖而出，吸引目标消费者，并建立强大的品牌价值和竞争力。因此，在制定广告策略时，务必重视产品定位和品牌策略的制定与执行。

第三章　创意设计

第一节　创意概述

广告创意设计是指在广告策略的基础上，通过创造性的手段和表现形式，将产品或服务与目标受众产生情感共鸣，并引发他们的兴趣和购买欲望。在竞争激烈的市场环境中，创意设计成为各企业获取品牌认知度和市场份额的重要手段之一。

一、广告创意设计的定义

广告创意设计是一种以创造性方式呈现广告主的产品或服务给目标受众的过程。它通过运用艺术、心理学、传播学等知识和技巧，旨在引起受众的共鸣和注意力。广告创意设计追求突破常规的表达方式，通过巧妙的构思和视觉呈现来增强广告的影响力和记忆性。

在广告创意设计中，创造性是关键因素之一。创造性的广告设计能够吸引受众的眼球，让其对广告产生兴趣并愿意花时间去了解更多。通过独特的构思和创新的表现手法，广告能够与众不同地呈现产品或服务的特点和优势，从而塑造出独特的品牌形象。

广告创意设计还需要考虑目标受众的需求和心理特征。通过深入了解目标受众的喜好、价值观和行为习惯，设计师能够有针对性地制定创意策略并选择合适的视觉元素，以引起受众的共鸣。心理学的知识可以帮助设计师理解人们对广告的反应和感知，从而在设计中运用相关技巧，如色彩搭配、情绪引导等，以增强广告的影响力。

传播学是广告创意设计不可或缺的一部分。广告创意需要通过适当的媒介渠道传达给目标受众。设计师需要考虑不同媒介的特点和受众接触方式，将创意设计与传播策略相结合，确保广告能够有效地传递给目标受众，并引起其关注和行动。

二、广告创意设计的目的

广告创意设计的目的是通过创造出富有吸引力和独特性的广告形象，来达到以下几个方面的效果：

（一）增加品牌认知度

广告创意设计的目的是多方面的，其中之一就是增加品牌认知度。在竞争激烈的市场环境中，品牌需要通过各种方式来突出自己，吸引潜在客户的注意力，并建立起与品牌相关的印象和联想。而广告创意设计正是一种非常有效的方式，通过独特的创意形象和设计元素，使品牌在众多广告中脱颖而出，提升受众对品牌的认知度。

广告创意设计可以通过独特、有吸引力的视觉效果来吸引人们的注意力。在日益碎片化的媒体环境下，人们面临着大量信息的冲击，很容易忽视普通的广告内容。但如果广告具有独特的创意设计，如鲜明的色彩、独特的构图、富有创意的图像等，就能够更好地吸引人们的眼球，引起他们的兴趣，进而让品牌留在他们的记忆中。

广告创意设计还可以通过与目标受众的共鸣来增加品牌认知度。不同的受众群体有着不同的兴趣、需求和价值观，针对不同受众制作具有个性化创意的广告，能够更好地与他们产生共鸣，增强品牌的亲和力和认同感。比如，针对年轻人的广告可以采用时尚、潮流的元素和语言风格，而针对家庭主妇的广告则可以注重实用性和家庭情感等。通过与目标受众的共鸣，广告创意设计可以让品牌更好地被受众接受和记住。

（二）引起兴趣和好奇心

广告创意设计的另一个重要目的是引起受众的兴趣和好奇心。在当今信息爆炸的社会中，人们每天都接触到大量的广告信息，要想让自己的广告脱颖而出，吸引受众的关注变得尤为重要。通过巧妙的创意设计，可以激发受众的好奇心和探索欲望，使他们对产品或服务产生浓厚的兴趣。

广告创意设计可以通过独特、新颖的表现方式引发受众的好奇心。人们对新鲜事物总是充满好奇,并且希望体验和了解更多。如果广告能够以与众不同的方式呈现,如使用非传统的图像风格、结合不同的艺术元素或使用令人惊喜的动画效果,就能够吸引受众的目光,引发他们的好奇心(如图 3-1)。这种好奇心的激发会促使受众主动去了解广告所推广的产品或服务,从而达到引起兴趣的目的。

广告创意设计可以通过故事性的表现方式吸引受众的关注。人们对故事总是充满兴趣,通过一个有趣、引人入胜的故事情节来展示产品或服务的特点和优势,能够让受众更容易产生共鸣和情感连接。通过在广告中创造一个令人着迷的故事世界,可以吸引受众的注意力,并激发他们的好奇心,希望了解更多故事背后的信息。这种好奇心会促使受众主动去探索广告所宣传的产品或服务,进一步加深他们的兴趣。

广告创意设计还可以通过挑战和谜题的形式激发受众的好奇心。人们通常喜欢接受挑战和解决问题,这种活动能够激发他们的思考和求知欲。如果广告设计师能够将挑战性元素融入广告当中,如设计一个引人入胜的谜题或隐藏一些令人猜测的线索,就能够引发受众的好奇心,并激发他们去解答问题或寻找答案。这样一来,受众会对广告产生更大的兴趣,并愿意主动去了解广告所推广的产品或服务。

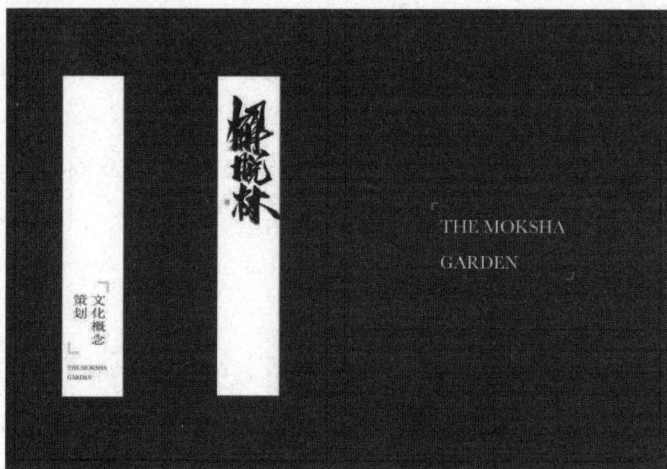

图 3-1　解脱林主题公园广告策划案设计图①

---

① 解脱林主题公园广告策划案,用于对后续设计团队进行指导,潘子尧创作,尹超设计封面。

三、广告创意设计的要素

（一）创意构思

创意构思是广告创意设计的核心，它要求创意人员具备独特的思维方式和敏锐的洞察力。创意构思的目标是将产品或服务与目标受众之间的关联点进行巧妙的结合，产生新颖、有趣和引人注目的创意概念。

在进行创意构思时，创意人员需要深入了解产品或服务的特点、优势以及目标受众的需求和偏好。通过对市场和竞争环境的分析，他们可以发现产品或服务的独特之处，并找到与目标受众相关的情感共鸣点。

创意构思需要创意人员具备开放的思维方式，能够突破传统的思维框架，勇于尝试新颖的创意表达方式。他们可以通过融合不同的艺术元素、运用幽默或戏剧性的手法、采用非传统的图像风格等来展现独特的创意构思。

创意构思还需要敏锐的洞察力。创意人员需要观察和理解目标受众的行为、态度和价值观，揣摩他们的情感需求和心理动机。通过深入了解目标受众，创意人员可以更好地把握他们的兴趣点，从而设计出能够引发共鸣和激发购买欲望的创意构思。

（二）文字表达

文字表达是广告创意设计中不可或缺的重要因素。通过巧妙的文案撰写，可以使广告语言简洁、准确、富有感染力，并能够与创意形象相互呼应，共同传递广告信息。

广告通常具有时间和空间的限制，因此需要在有限的字数内传递尽可能多的信息。采用简明扼要的句子结构和精准的词汇，能够让观众快速理解广告的核心内容。避免冗长的句子和复杂的词汇，以便信息能够迅速被接收和记忆。

文字要准确地传达广告的核心信息，确保观众对产品或服务有清晰的理解。避免使用模糊或含糊的词语，而是选择确切、明了的描述方式。同时，要注意语法和标点的正确使用，以确保文字表达的准确性和流畅度。

通过运用生动、形象的词语和修辞手法，可以唤起观众的情感和兴趣。例如，采用比喻、排比、夸张等修辞手法，能够使文字更具表现力和吸引力。同时，要注意选择适当的语气和语调，以与目标受众建立情感共鸣，并激发他们的购买欲望。

在文字表达中，与创意形象的呼应也是非常重要的。文字和图像应该相互补充和增强，以达到更好的广告效果。文字可以进一步解释和诠释图像所传达的信息，或者通过文字的独特表达方式来补充图像无法传达的细节。同时，文字也可以为创意形象注入更深层次的情感和内涵，使广告更具有故事性和情感共鸣。

第二节　创意过程

在广告产业中，创意是至关重要的，一个有趣、独特和引人入胜的创意能够吸引消费者的关注并留下深刻的印象。下面将介绍广告的创意过程，并结合嘉华饼屋万圣节的案例，探讨其中的关键步骤和技巧。

一、制定创意策略：万圣归味

（一）目标受众

嘉华饼屋的目标受众是年轻人和家庭群体，他们对时尚、创新和独特的事物有较高的兴趣。在万圣节这个特殊的节日中，人们对于惊悚、神秘和有趣的元素更加感兴趣。

（二）创意理念

在万圣节广告创意中，我们要吸引年轻人和家庭群体，并融入万圣节的氛围和特点。我们将品牌与万圣节主题相结合，提供一系列特别定制的万圣节主题甜品或圣人海报（图 3-2 和 3-3），并通过广告传达出与万圣节相关的创意。

（三）创意故事

我们以"万圣归味"为主题，利用"归位"的双关语来传递创意信息。在中国历史上，"万圣"意味着很多名人贤者，代表了许许多多的圣人。我们设定在中国，万圣节期间各种名人的魂魄会来到人间，帮助大家实现愿望，鼓励大家积极乐观地生活。

图 3-2　嘉华饼屋"万圣归位"活动海报设计展示图①

图 3-3　嘉华饼屋"万圣归位"活动杨玉环海报设计图②

① 嘉华饼屋"万圣归位"活动海报设计初稿（部分），潘子尧策划，陈晓雨创作，云南嘉华食品有限公司版权所有。

② 嘉华饼屋"万圣归位"活动杨玉环主题海报设计初稿，潘子尧策划，陈晓雨创作，云南嘉华食品有限公司版权所有。

二、创意生成

创意生成是广告创意过程中最富有挑战性的一步。在嘉华饼屋的万圣节广告创意中，可以考虑几个创意方向（详见图 3-4 所示）。

（一）视觉呈现

1.营造神秘氛围

广告画面中运用了深色调的色彩方案，如紫色、黑色和暗蓝色等，以营造出神秘感和惊悚感。这些暗调色彩可以通过背景、服装和道具来呈现，使整个画面显得阴森而神秘。

烟雾效果也被巧妙地运用在广告中。烟雾弥漫的效果可以让整个场景变得朦胧起来，增加一种神秘感和不确定性。烟雾可以从周围的角落或者甜品展示区域升腾而起，营造出一种魔幻般的氛围。

灯光和阴影效果是创造神秘感的关键要素之一。通过适当的灯光设置和投射，可以突出主要角色或物品，并制造出明暗交错的效果。阴影的运用可以给人一种不可预知和神秘的感觉，进一步加强整个广告的氛围。

这样的视觉呈现手法将帮助嘉华饼屋的万圣节广告在视觉上与众不同，引起目标受众的注意，并激发他们对广告内容的好奇心。同时，这种神秘的氛围也与万圣节的主题相契合，为顾客营造出一种惊悚、神秘而有趣的体验。

2.万圣节主题元素

在广告画面中，会出现大量的南瓜灯。南瓜灯是万圣节的标志性元素之一，它们会被放置在嘉华饼屋内外的各个角落。这些南瓜灯不仅形状各异，还会有独特的刻花图案，如笑脸、恶魔、鬼怪等，以展示万圣节的欢乐和惊悚氛围。

广告中还会出现各种鬼怪和巫师的形象。这些角色可以以幽默和可爱的方式呈现，使观众在感受到惊悚的同时也能感受到一丝乐趣。他们可能会扮演成与名人魂魄合作的角色，通过与顾客互动，增加广告的趣味性和参与感。

除了南瓜灯、鬼怪和巫师，广告中还会使用其他万圣节的相关元素，如蝙蝠、黑猫、巫师帽等。这些元素可以作为装饰物出现在嘉华饼屋的环境中，或者作为道具被角色所使用，以突出广告的万圣节主题。

通过加入这些万圣节相关的元素，嘉华饼屋的广告将更好地诠释万圣节的氛围和特点。观众们在观看广告时，能够立即联想到万圣节，并与品牌形成联系。这样的视觉呈现不仅能够吸引目标受众的注意，还能让他们在广告中感受到节日的欢乐和创意。

（二）故事情节

1.场景设定

在嘉华饼屋内外的街道上，人们穿着各种各样精心准备的万圣节装扮，充满了节日的热闹氛围。他们期待着这一特殊时刻，渴望与名人魂魄相见。

2.名人魂魄登场

突然间，一些中国历史上的知名人物魂魄，如孔子、屈原、李白等化身为幽灵形象，友善而欢乐地出现在广告中。他们身穿华丽的古装，并展现出超凡的能力，向周围的人们传递祝福和喜悦。

3.甜品体验

名人魂魄走进嘉华饼屋，向顾客们推荐特别定制的万圣节主题甜品。每一款甜品都有独特的味道和寓意，例如孔子甜点代表智慧，诸葛亮甜点代表智谋等。名人魂魄热情地介绍每一道甜品的故事和特点，吸引顾客的注意并引发他们的好奇心。

4.愿望实现

当顾客品尝这些特别定制的万圣节主题甜品时，他们会感受到名人魂魄的祝福和鼓励。甜品的味道将传递出积极乐观的生活态度，让顾客充满希望和幸福感。同时，顾客的愿望也会得到满足，展示出嘉华饼屋与万圣节的神秘力量相结合，为顾客带来惊喜和成就感。

5.结尾画面

广告以嘉华饼屋的标志性 logo 和口号作为结尾，强调品牌的独特性和创意性。这样的结尾画面能够在观众心中留下深刻的印象，并加强对品牌的记忆和认知。

序号	拍摄地	人物	镜头	台词	参考时长（秒）	备注
1	--	无	全黑出字幕	嘉华饼屋	1	
2	--	无	全黑出字幕	万圣节倾情奉献	1	
3	--	无	全黑出字幕	万圣归位	1	
4	剪辑镜头	无	国外万圣节画面，由全黑转过场进行切换	万圣节从来都是西方节日 文化不同，庆祝原因更不相同	2	
5	剪辑镜头	无		他们乔装打扮，收集糖果，即是纪念，也给人欢乐的理由	2	
6	--	无	全黑出字幕	我们，又有何不同呢？	1	
7	--	无	全黑出主题宣传图	万圣归位 · 万圣归味	1	
8	--	无	全黑出字幕	原画创作	1	
9	动画剪辑镜头	无	原画绘制过程，未上色稿的简单动画展示，主要表现几个主打人物，李白、孔子、武则天。人物原画表现同时，有简单配词说明。如"白日依山尽，黄河入海流——李白"	无	6	
10	--	无	全黑出字幕	丰富周边	1	
11	室内	无	周边设计如胸章、布装、新会员卡设计的特写镜头，突出品质和质量感，表达制作时的诚心	无	4	
12	--	无	全黑出字幕	趣味西点	1	
13	室内	无	产品静物特写镜头，单个展示及排列后扫平等	无	3	
14	--	无	全黑出字幕	全新包装	1	
15	室内	无	包装陈列展示	无	3	
16	--	无	全黑出字幕	10月，嘉华等你来约	1	
17	--	无	全黑出字幕	各大门店，X月X日，同步上市	1	

图 3-4　嘉华饼屋"万圣归位"活动短片拍摄计划[①]

通过这个故事情节，嘉华饼屋的万圣节广告将营造一种充满惊喜和创意的氛围，吸引目标受众的关注并激发他们对品牌和甜品的兴趣。观众们能够通过广告中的故事情节感受到名人魂魄的祝福和积极乐观的生活态度，同时也会对嘉华饼屋的万圣节主题甜品产生好奇，并愿意前往体验和购买。

三、创意评估与筛选

在对嘉华饼屋的万圣节广告创意进行评估与筛选时，可以采用以下方法和标准：

（一）目标受众的契合度

评估创意方案是否与目标受众的兴趣、需求和价值观相契合。通过市场调研、用户分析和焦点小组讨论等方式，了解目标受众对于万圣节的期望和喜好，以及他们对嘉华品牌的认知和态度。根据这些信息，评估创意方案是否能够吸引目标受众的注意力，并激发他们的兴趣和购买欲望。

---

① 嘉华饼屋"万圣归位"活动短片拍摄计划草案。

（二）品牌形象的一致性

评估创意方案是否与嘉华饼屋的品牌形象一致。品牌形象是指顾客对于嘉华的认知和印象，包括品牌的定位、价值观和风格等。创意方案应该能够体现出嘉华饼屋的特色和优势，同时与品牌的核心价值相符合。通过评估创意方案是否能够增强品牌的识别度和差异化竞争力，来确定其与品牌形象的一致性。

（三）创意的吸引力和可行性

评估创意方案在视觉、故事情节和创新程度等方面的吸引力。创意方案应该能够引起目标受众的兴趣，并能够与他们产生共鸣。同时，也要评估创意方案的可行性，包括技术实现的可行性、成本投入的合理性以及落地执行的可操作性等。通过评估创意方案是否能够在预算、时间和资源限制下得到有效实施，来确定其可行性。

（四）专业人士的评估与建议

邀请专业人士，如广告策划师、市场营销专家等进行评估与建议。他们可以提供更加客观和专业的意见，从创意的角度出发，评估创意方案的优劣和可行性，并提出改进的建议和思路。

通过以上评估方法和标准的综合分析，可以对嘉华饼屋的万圣节广告创意进行筛选和优化。选择最符合要求的创意方案，将有助于提高广告的效果和品牌的影响力，同时满足目标受众的需求和期待。

四、创意执行与传播

创意执行与传播是将创意方案转化为实际行动并将其传递给目标受众的过程。

（一）创意执行

1.店面装饰

嘉华饼屋可以在店面外墙、橱窗和门口等位置进行装饰，采用万圣节主题的元素和装饰品，如南瓜灯、巫师帽、圣人海报等（如图 3-1 所示）。通过特别设计的装饰，吸引路人的目光，增加店面的吸引力。

2.甜品制作

嘉华饼屋将根据创意方案中提到的特别定制的万圣节主题甜品，进行精心制作。每一款甜品都要注重细节和创意，使其与广告中展示的一致。甜品的味道和外观要与万圣节的氛围相符合，给顾客带来独特的体验。

3.广告视频拍摄

为了将创意故事生动地展现给观众，嘉华饼屋可以根据场景和故事情节拍摄一段精彩的广告视频。视频中可以包括店面装饰、名人魂魄的登场、顾客品尝甜品以及愿望实现的场景。通过精心的剪辑和音效，使广告视频具有吸引力和趣味性。

（二）创意传播

1.营销号推广

嘉华饼屋可以利用社交媒体平台上的营销号进行广告的传播。通过发布创意图片、故事情节和甜品介绍等内容，吸引目标受众的关注。同时，结合万圣节的热门话题和流行元素，增加帖子的曝光度和传播效果。

2.短视频账号推广

嘉华饼屋还可以选择在短视频平台上创建账号，并发布与万圣节广告相关的短视频内容。这些短视频可以包括甜品制作过程、名人魂魄互动的场景、顾客的反馈等。通过有趣而引人注目的视频内容，吸引更多的观众并提升品牌知名度。

3.店员参与活动

嘉华饼屋的店员可以穿着万圣节的装扮，如巫师、鬼怪等，与顾客互动并传递广告创意。他们可以向顾客介绍特别定制的万圣节主题甜品，讲解甜品的故事和寓意。通过店员的参与，增加顾客对广告创意的认知度和兴趣。

4.促销活动

为了增加销售和吸引更多的顾客，嘉华饼屋可以结合广告创意推出一系列促销活动。例如，推出盒装蛋糕，每盒包含 6 个或 4 个特别定制的万圣节主题甜品，并附赠抽奖券。顾客可以通过抽奖活动赢取各种奖品，如优惠券、免费甜品等，增加他们的参与度和购买欲望。

通过创意执行和传播的策略，嘉华饼屋能够将万圣节广告创意有效地转化为实际行动，并将其传递给目标受众。这样的执行和传播方式能够提升品牌知名度和形象，并吸引更多的顾客前来体验和购买嘉华饼屋的特别定制万圣节主题甜品。

五、创意效果评估

（一）销售数据评估

通过收集销售数据，可以评估广告创意对销售业绩的影响。嘉华饼屋可以跟踪万圣节期间特别定制甜品的销售数量和销售额，并与平常时期进行比较。如果广告创意能够带来显著的销售增长，说明创意在吸引顾客、激发购买欲望方面取得了成功。

可以进一步分析销售数据，了解不同款式和口味的甜品的销售情况。如果某些特定的万圣节主题甜品销售量较大，说明这些甜品在广告创意中得到了充分展示，并受到顾客的喜爱和追捧。

（二）用户反馈评估

收集用户的反馈和意见，是评估广告创意效果的重要方式之一。嘉华饼屋可以设立专门的渠道，如客服热线、社交媒体留言板等，让顾客表达对广告创意的看法和感受。

用户反馈可以包括对广告内容的喜好程度、对甜品口味和质量的评价，以及对整体广告体验的反馈等。通过分析用户的反馈，可以了解广告创意在顾客中产生的影响和效果。如果多数用户对广告创意持积极评价，并且愿意推荐给他人，那么广告创意很可能取得了成功。

（三）社交媒体互动评估

通过监测社交媒体平台上的互动情况，可以评估广告创意在网络上的传播效果和知名度。嘉华饼屋可以关注相关的话题标签、评论和分享等，了解观众对广告创意的回应和讨论。

如果广告创意在社交媒体上引起了热议和转发，增加了品牌的曝光度和影响力，那么可以认为广告创意在网络传播方面取得了良好的效果。同时，通过分析互动数据，可以了解观众对广告的喜好和关注点，从而优化后续广告策略和创意方向。

通过以上评估方式的综合分析，嘉华饼屋可以了解广告创意的实际效果并做出相应的调整。根据评估结果，可以优化广告策略和创意方向，进一步提升广告的效果和品牌的知名度。这将帮助嘉华饼屋更好地满足目标受众的需求，并在竞争激烈的市场中取得更大的成功。

第三节　创意设计的方法与技巧

广告创意设计是一门融合艺术和商业的创作过程，旨在通过独特而吸引人的方式传达产品或服务的信息，并引起潜在消费者的兴趣和共鸣。在广告行业中，创意设计起着至关重要的作用，决定了广告的效果和影响力。

一、寻找灵感和创意思路

寻找灵感和创意思路是广告创意设计的第一步。以下是几种常见的方法和技巧：

（一）头脑风暴

组织一个小组，集思广益，通过大量的创意想法来推动创作过程。可以设定一个时间限制，让成员们尽可能地提出各种各样的创意，不加限制地发散思维。在头脑风暴的过程中，鼓励成员们勇于表达自己的想法，避免批评和否定，以激发更多的创意。

（二）观察生活

关注周围的人、事、物，从中汲取灵感。可以通过阅读各种书籍、杂志，观看电影、电视剧等方式拓宽视野。旅行也是一个很好的方式，可以去不同的地方体验不同的文化和风景，从而启发创意。参观艺术展览、博物馆等也可以让人接触到各种艺术形式，激发灵感。

（三）分析竞争对手

了解竞争对手的广告策略和创意，找出差距并提出更具创新性的设计方案。可以通过研究竞争对手的广告宣传物料、观察他们的广告活动等方式来了解他们的创意思路。在分析的过程中，要注意发现竞争对手存在的不足之处，并找到自己的优势和创新点。

（四）借鉴其他领域

从音乐、电影、文学等领域获取灵感，将其转化为广告创意。可以关注一些优秀的作品，尝试理解它们的创意和表达方式，并尝试将其中的元素运用到广告设计中。例如，可以借鉴电影《你好，李焕英》的剧情结构、音乐的节奏和情感表达等，来丰富广告的叙事和情感共鸣。

除了以上方法和技巧，还有一些其他的途径可以寻找灵感和创意思路。例如，与人交流，倾听他人的观点和想法，或者参加一些创意工作坊、讲座等活动，与其他创意从业者进行交流和碰撞。保持好奇心、开放心态和积极的思维方式也是非常重要的，时刻保持对新事物的敏感度和求知欲，才能不断地汲取灵感和创意思路。

二、创造独特而有吸引力的视觉元素

创造独特而有吸引力的视觉元素是广告创意设计中不可或缺的一部分，能够吸引目标受众的眼球并留下深刻的印象。以下是一些技巧：

（一）色彩运用

通过巧妙地运用色彩的对比和搭配，可以营造出强烈的视觉冲击力。不同的颜色传达着不同的情感和信息，因此选择合适的色彩能够更好地表达出品牌的特点和价值观。

举例来说，红色被广泛认为是一种充满活力和激情的色彩，它可以吸引人们的注意力并传递出积极向上的情绪。如果品牌追求活力和创新，使用红色作为主要配色是一个不错的选择。而蓝色则被视为一种稳定和可靠的色彩，它能够传达出信任和专业性。如果品牌希望强调稳定性和可靠性，蓝色可以成为主要色彩之一。

除了选择适合的颜色外，还需要注意色彩的平衡和调和。过于花哨或冲突的色彩组合可能会给人带来不舒服或混乱的感觉，从而影响品牌形象的建立。因此，在进行色彩搭配时，要考虑它们之间的关系和相互作用。例如，使用相邻色调或互补色可以创造出和谐而平衡的效果。

（二）图像选择

在选择与广告主题相关且引人注目的图像时，需要考虑图像能够传达广告信息并引发情感共鸣。这意味着图像应具备与广告主题相关的元素，以便触发潜在客户对产品或服务的兴趣。同时，图像还应该通过情感上的共鸣来打动目标受众，使他们能够与广告产生情感连接。

在选择图像时要考虑目标受众的喜好和审美观，了解目标受众的特征和偏好可以帮助我们更好地选择与他们口味相符的图像。例如，如果目标受众是年轻人群体，那么选择年轻、时尚的图像可能更具吸引力。而如果目标受众是家庭主妇，那么选择与家庭生活相关的图像可能更具共鸣。

图像质量也是一个重要的考虑因素。清晰度和吸引力是衡量图像质量的关键指标。清晰度可以确保图像信息传递的准确性和可读性，而吸引力则能够吸引目标受众的注意力。

为了增加图像的独特性，可以考虑使用特殊效果或创意的角度。通过添加特殊效果，如滤镜、光影效果或颜色调整等，可以使图像更加生动有趣。还可以选择创意的角度来呈现图像，例如选择不同的拍摄角度或透视效果，可以使图像更加引人注目和与众不同。

（三）排版布局

在设计广告的排版布局时，要确保文字和图像之间的平衡和配合。文字和图像是相互支持和补充的，它们共同传达广告信息。因此，在排版中应考虑如何将文字和图像有机地结合起来，以实现最佳的视觉效果。

选择合适的字体、大小和颜色对于传达广告主题和品牌形象至关重要。字体应与广告主题相匹配，并且易于阅读。文字大小要根据广告媒体的尺寸和观众的浏览习惯来决定，以确保文字清晰可读。文字颜色也应与整体设计风格和品牌形象相一致，使广告更具识别性和吸引力。

过多的文字或图像会让广告显得混乱不清晰，容易使观众失去兴趣。因此，排版应注重简洁明了，突出主要信息，并给予足够的空白区域，以提高可读性和视觉效果。

为了创造清晰的层次感和视觉引导，可以使用对齐、间距和分割线等方式。对齐可以使文字和图像在页面上有序排列，增加整体的统一感。适当的间距可以让各个元素之间有足够的空隙，使观众更容易阅读和理解广告信息。而分割线可以用来划分不同区域或突出重点，提高视觉引导效果。

（四）创新的图形元素

除了色彩、图像和排版，创新的图形元素也可以用来增加广告的吸引力。以下是一些创新的图形元素的应用方式：

1.利用独特的几何形状、线条或符号等

通过使用独特的几何形状、线条或符号，可以在广告中创造出独特而引人注目的图形元素。这种简洁而有力的设计语言可以帮助传达广告信息，并使广告在视觉上更具吸引力。

2.运用视觉幽默

通过运用视觉幽默的手法，可以为广告增添趣味和创意。例如，可以通过插入滑稽的图形元素或制造出意想不到的场景来引起观众的注意，并让他们对广告产生共鸣和记忆。

3.使用反转效果

利用反转的设计手法可以打破传统的设计框架，给人以新鲜感和惊喜。例如，可以将常见的图像或符号进行颠倒、镜像或旋转等处理，从而创造出令人印象深刻的视觉效果，吸引观众的注意力。

（五）动态元素的运用

在数字化时代，动态元素的运用对于增加广告吸引力和互动性非常重要。以下是一些动态元素的运用方式：

1.使用动画效果

通过添加动画效果，可以为静态的图像或文字增添生动性。动画可以使广告更加有趣、吸引人，并能够吸引目标受众的眼球。例如，可以使用渐变、平移、旋转等动画效果来吸引观众的注意力。

2.制作视频广告

视频广告是一种非常有效的动态元素运用方式。通过制作精彩的视频内容，可以更好地展示产品或服务的特点，并通过视觉和声音的联动来吸引观众的关注。视频广告还可以讲述故事、传递情感，使观众与广告产生情感共鸣。

3.创造动态效果

除了动画和视频，还可以通过其他创造动态效果的方式来增加广告的吸引力。例如，可以使用滚动效果、弹出窗口、背景变化等来制造视觉上的变化和动感，使广告更加引人注目。

三、利用故事讲述技巧

利用故事讲述技巧是广告创意设计中的一种有效手段，能够引起情感共鸣并留下深刻的印象。以下是一些技巧：

（一）情节设置

构建一个有趣而引人入胜的情节，吸引目标受众的注意力，并让他们产生共鸣。可以通过设定一个引人入胜的开头，引发观众的好奇心和兴趣，随后逐步展开故事情节，让观众保持关注和期待。情节要紧凑有趣，能够引发观众的情感波动和共鸣。

（二）角色刻画

通过塑造有个性、有故事性的角色来吸引受众，使其更容易与广告内容产生共情。角色可以是真实存在的人物，也可以是虚构的形象。角色的特点、经历和情感都可以与广告的主题和品牌形象相呼应，增加观众对广告的认同感和情感投入。

（三）冲突与解决

通过设置冲突并给出解决方案，激发潜在消费者的需求和购买欲望。冲突可以是角色面临的问题、困境或挑战，而解决方案则可以是产品或服务所提供的解决方法。通过展示产品或服务在故事中的作用和效果，以及带来的好处和改变，能够引起观众的共鸣和认同。

（四）情感表达

利用情感表达来增强故事的吸引力和影响力。通过刻画角色的情感状态、使用音乐、配乐或声效等手段来营造氛围，以及运用摄影、剪辑等技术手法来传达情感，都可以帮助故事更好地触动观众的情感，并引发他们的共鸣。

（五）品牌融入

在故事中巧妙地融入品牌形象和核心价值，使品牌与故事相互呼应和补充。品牌可以作为故事的背景或支持角色的形式出现，也可以通过对话、行为或产品展示来突出品牌的特点和优势。关键是要保持品牌的一致性和真实性，避免过度强调和矫揉造作。

通过运用故事讲述技巧，广告创意设计能够更好地吸引目标受众的注意力，产生共鸣并留下深刻的印象。然而，在运用故事时要注意故事情节与广告目标的一致性，避免故事过于复杂或离题，以免分散受众的注意力。同时，也要根据不同的媒体平台和观众特点，进行相应的调整和优化，以达到最佳的广告效果。

四、简洁明了的表达

在广告创意设计中，简洁明了的表达能够更好地吸引受众的关注并传递信息。以下是一些技巧：

（一）言简意赅

用简洁的语言表达核心信息，避免啰唆和冗长。通过精炼的文字表达，让受众能够迅速理解广告的主题和要点。可以使用简洁明了的句子和词组，尽量避免复杂的描述和长篇大论。同时，要注意语法的正确性和语言的流畅性，使广告信息更易于被接受和记忆。

（二）利用符号与隐喻

运用符号和隐喻来传达复杂的意思，增加创意和趣味性。通过使用具有象征意义的符号和隐喻，可以在简洁的表达中包含更多的信息和情感。例如，使用图形化的符号或比喻来代表品牌或产品特点，以及运用隐喻来突出广告的核心概念。这种方式可以激发观众的联想和想象力，从而更深入地理解和记忆广告内容。

（三）巧妙运用文字

选择有趣、独特的字词和句式，增加广告的记忆性。通过运用幽默、双关语、押韵等技巧，可以让文字更生动有趣，并与品牌形象相呼应。同时，可以尝试使用引人入胜的开头、扣人心弦的结尾或意想不到的转折，吸引受众的关注并激发他们的兴趣。巧妙运用文字可以让广告更具个性和独特性，从而更容易被受众记住。

五、不断迭代与改进

广告创意设计是一个不断迭代和改进的过程。在完成初稿后，及时收集反馈并进行修正，通过不断优化和改进，提升广告的效果和创意水平。

（一）收集反馈

将广告创意展示给目标受众、同事或专业人士，并积极收集他们的反馈意见。可以通过小组讨论、问卷调查等方式来获取反馈。反馈的对象可以包括广告的内容、表达方式、视觉元素、情感传递等方面。从不同的角度和视角收集反馈，帮助发现广告的优点和不足之处。

（二）分析反馈

对收集到的反馈进行仔细分析和整理，理解不同受众的意见和建议。注意找出反馈中的共性和重复出现的问题，以及与广告目标和品牌形象相符合的意见。同时，也要保持客观和批判的态度，避免过度依赖某一个意见或固守原有观点。从反馈中获得启示和灵感，为下一步的改进提供指导。

（三）修正和改进

根据反馈意见，对广告进行修正和改进。可以调整广告的文案、视觉元素、情感表达等方面，以提升广告的吸引力和影响力。修正的过程中要保持创意的核心和品牌的一致性，避免改变广告的主题和目标。同时，也要注意平衡不同意见之间的矛盾，找到适合的折中方案。

（四）再次测试和评估

在修正和改进后，进行再次测试和评估。通过比较修正前后的效果和反馈意见，评估改进是否取得了预期的效果。如果需要，可以进行多轮的测试和修正，直到达到最佳的广告效果和创意水平。

第四章　综合营销传播策略

第一节　广告传播渠道与媒介选择

在当今竞争激烈的市场环境中，广告传播是企业推广产品和品牌的重要手段之一。广告传播渠道和媒介的选择对于广告效果的影响至关重要。

一、传统媒体 vs 数字媒体

传统媒体包括电视、广播、报纸、杂志等，而数字媒体则包括互联网、社交媒体、移动应用等。两者各有优劣，下面将对其进行比较。

（一）覆盖范围

传统媒体与数字媒体在覆盖范围上存在显著的差异。传统媒体通常具有较广泛的覆盖范围，可以同时触达大量的受众。例如，电视广告可以通过电视台覆盖整个国家甚至全球的观众群体。报纸和杂志也能够通过发行渠道覆盖到大量读者。

相比之下，数字媒体的覆盖范围更为精准和个性化。通过互联网、社交媒体和移动应用等数字平台，广告主可以根据用户的兴趣、地理位置、年龄、性别等信息进行定向传播。这意味着广告主可以更加精确地将广告投放给特定的目标受众，提高广告的效果和回报率。

数字媒体的个性化传播还体现在用户的在线行为数据和兴趣偏好的分析上。通过收集和分析用户的浏览记录、搜索关键词、点击行为等数据，广告主可以更加了解目标受众的需求和喜好，从而针对性地进行广告投放。这种个性化传播不仅提高了广告的有效触达率，还增加了用户对广告的接受程度。

但传统媒体在覆盖范围方面的优势仍然存在。尽管数字媒体在精准传播方面具有优势，但仍有一部分人群例如老年人相对较少使用数字平台，或者对数字广告存在免疫力。在这种情况下，传统媒体如电视、广播和报纸仍然是覆盖更广泛的选择。

（二）互动性

数字媒体相较传统媒体而言，具有更强的互动性。它能够实现与受众的实时互动和反馈，从而为品牌传播和营销带来了新的机遇。

数字媒体通过社交媒体平台，使得品牌可以直接与受众进行互动。比如，在社交媒体上发布广告后，用户可以立即对广告进行评论、分享或点赞。这种实时的互动让品牌能够更好地了解受众的需求和反馈，以便进行针对性的改进和调整。同时，这些用户的互动也会增加品牌在社交媒体上的曝光度，扩大品牌影响力。

数字媒体为用户提供了更多参与的机会。通过在线调查、投票、抽奖等形式，品牌可以吸引用户参与活动，增加用户对品牌的关注度和参与度。这种互动性不仅能够增加用户对品牌的黏性，还可以激发用户的积极性，提升品牌形象和认知度。

数字媒体还可以实现个性化的互动体验。通过数据分析和用户画像，品牌可以更好地了解受众的兴趣和需求，向其提供个性化的内容和服务。这种定制化的互动体验能够增加用户的参与感和满意度，进一步促进用户与品牌的互动和沟通。

然而，传统媒体相对而言是较为单向的，观众对广告的反馈较少。虽然传统媒体仍然具有一定的影响力和覆盖面，但缺乏实时互动和个性化体验，限制了品牌与受众之间的互动程度。

（三）成本效益

传统媒体的广告投放成本通常较高。在电视、广播和报纸等传统媒体上投放广告需要支付昂贵的费用，尤其是在热门时间段和频道。这限制了许多中小企业的投放能力，导致只有大型企业才能承担得起传统媒体广告的费用。相比之下，数字媒体广告的投放成本相对较低，使得更多的企业可以参与到品牌营销中来。

数字媒体的广告投放成本具有更精确的预算控制能力。在数字媒体平台上，广告主可以根据自身的预算进行精准投放，并根据实时数据进行调整。这种灵活性使得企业能够更好地控制广告投放的成本，避免了资源的浪费和不必要的花费。数字媒体还提供了多种计费方式，如按点击量、按展示量或按转化量等，可以根据需求选择适合自身预算的投放方式。

数字媒体通过数据分析和优化能够提高广告效果，进一步提升成本效益。通过数据分析工具，品牌可以获取广告投放的实时数据和用户反馈，从而进行广告效果的评估和优化。这使得品牌能够更加精确地了解受众的喜好和行为习惯，针对性地调整广告内容和投放策略，提高广告的点击率和转化率。通过不断的优化，品牌可以最大限度地提升广告效果，获得更好的成本效益。

但传统媒体仍然具有一定的价值和影响力，尤其在特定受众群体和传播渠道方面。在某些情况下，传统媒体广告可能更适合品牌的传播目标和定位。因此，在制定广告策略时，需要综合考虑数字媒体和传统媒体的成本效益，并根据品牌需求和目标受众做出合理的选择。

二、选择合适的传播渠道和媒介

选择合适的传播渠道和媒介需要考虑以下几个因素：

（一）目标受众

在制定广告策略时，需要明确目标受众是谁。根据目标受众的特征和行为习惯，选择能够覆盖到目标受众的传播渠道和媒介。这样可以更有效地传达品牌信息，提高广告的效果和回报。

针对不同的目标受众群体，可以采取以下策略来确定合适的传播渠道和媒介：

1.研究目标受众的特征

了解目标受众的年龄、性别、地理位置、职业等基本特征。这些信息可以通过市场调研、用户调查或已有数据进行收集和分析。例如，如果目标受众主要是年轻人，那么社交媒体和移动应用可能是更合适的选择；如果目标受众是中老年人，传统媒体如电视和报纸可能更适合。

2.分析目标受众的行为习惯

了解目标受众在日常生活中的行为习惯和消费习惯。例如，目标受众是否经常使用互联网和社交媒体，是否喜欢在线购物，是否关注特定的内容领域等。这些信息可以通过数据分析、市场研究或用户调查等方式获取。根据目标受众的行为习惯，选择能够覆盖到他们的传播渠道和媒介。

3.考虑目标受众的偏好和兴趣

了解目标受众的喜好、兴趣和价值观念，以便更好地制定广告内容和传播策略。例如，如果目标受众对环保和可持续发展非常关注，可以选择在相关领域投放广告；如果目标受众对时尚和美容感兴趣，可以选择在时尚杂志或社交媒体上进行广告投放。

通过以上的分析和研究，品牌可以更准确地确定目标受众，并选择适合的传播渠道和媒介。在数字媒体时代，可以利用社交媒体、搜索引擎营销、电子邮件营销等方式来触达目标受众；在传统媒体方面，可以选择电视、广播、报纸、杂志等传统渠道。综合利用不同的媒介，可以扩大品牌的曝光度，增加目标受众的接触机会，提高广告的效果和回报。

（二）预算

在制定广告策略时，预算是选择传播渠道和媒介的重要考虑因素。根据预算的多少，可以确定能够承担的广告投放成本，从而选择合适的传播渠道和媒介。无论预算多少，都可以找到适合的方式来提高广告效果和回报。

如果预算较多，可以考虑在传统媒体上进行广告投放。如电视、广播、报纸等具有较高的覆盖率和影响力，在特定的时间段和频道上投放广告可以获得更广泛的曝光。虽然传统媒体的广告投放成本较高，但也能够吸引更多的目标受众。与传统媒体合作的广告代理商或中介机构通常拥有丰富的经验和资源，可以提供专业的广告策划和执行服务，帮助品牌更好地实现营销目标。

如果预算有限，可以选择数字媒体进行广告投放。相比传统媒体，数字媒体的广告投放成本较低，并且具备更精确的定向传播能力。通过在线广告平台，品牌可以根据目标受众的特征和行为习惯进行精准定向,提高广告投放的效果。例如，可以选择在社交媒体、搜索引擎、电子邮件等渠道上进行广告投放，根据用户画像和兴趣定向传播，提高广告的点击率和转化率。数字媒体还提供了多种计费方式，如按点击量、按展示量或按转化量等，可以根据预算选择适合自身的投放方式。

无论是在传统媒体还是数字媒体上进行广告投放，都需要综合考虑预算和预期效果。在预算有限的情况下，可以通过合理规划和优化来提高广告效果和回报。例如，可以选择在传统媒体上选择非热门时间段进行广告投放，以降低成本；在数字媒体上进行 A/B 测试，优化广告内容和投放策略，提高广告效果。

（三）市场趋势

随着时代的不断发展，市场趋势也在不断变化。了解当前市场的趋势和受众的使用习惯对于品牌的广告传播至关重要。特别是在数字化时代，市场趋势的变化更加迅速，因此品牌需要密切关注并及时调整自己的广告策略。

移动互联网的普及是当前市场的一大趋势。越来越多的人使用手机进行日常生活和信息获取，包括浏览新闻、社交、购物等。这就意味着品牌需要将重点放在数字媒体上进行广告传播。通过移动应用、社交媒体平台和搜索引擎等渠道，可以实现与目标受众的直接连接，提高广告的曝光度和影响力。移动设备还支持定位功能，品牌可以根据用户的地理位置进行精准投放，提供更个性化的广告体验。

社交媒体的崛起也是市场的重要趋势之一。社交媒体平台如抖音、微信、微博等成为人们分享信息、社交互动的重要场所。品牌可以通过在社交媒体上投放广告，与受众进行互动，增加品牌曝光度和口碑传播。社交媒体还提供了精准的广告定向功能，可以根据用户的兴趣、人口统计信息等进行定向传播，提高广告的点击率和转化率。

内容营销和影响者营销也是当前市场的重要趋势之一。消费者对于广告的接受度降低，更倾向于通过有价值的内容来获取信息和建立信任。品牌可以通过提供有质量和有吸引力的内容，吸引目标受众的关注并建立品牌认知度和忠诚度。影响者（KOLs）在社交媒体上的影响力日益增强，他们能够与受众建立真实的连接，并对其意见和决策产生影响力。与影响者合作，将品牌融入到有影响力的内容中，可以有效地扩大品牌的影响范围和受众群体。

人工智能技术的应用也成为当前市场的新趋势。人工智能技术如语音识别、自然语言处理、机器学习等正在改变广告传播的方式。品牌可以利用人工智能技术进行数据分析和预测，提高广告投放的精准度和效果。人工智能还可以用于创造个性化的广告体验，根据用户的喜好和行为习惯，向其提供定制化的广告内容，提高用户参与度和满意度。

第二节　数字广告策划与移动端广告的策略

随着互联网的普及和移动设备的普遍使用，数字广告已经成为现代企业宣传推广的重要手段。而在数字广告中，移动端广告则具有独特的优势。

一、数字广告策划的重要性

数字广告策划是指通过各种数字媒体平台，以在线广告形式传播企业产品或服务的信息，以达到品牌宣传、市场推广和销售增长的目标。数字广告策划的重要性主要体现在以下几个方面：

（一）实时数据反馈

数字广告平台能够提供广告效果的实时数据，包括展示量、点击率、转化率等指标，为广告主提供及时、准确的数据参考，帮助其了解广告运营情况，并做出相应的调整和优化。

1.展示量

展示量是指广告被展示给用户的次数。通过数字广告平台，广告主可以实时获得广告的展示量数据，了解广告在不同渠道、不同时间段的曝光情况。这样的数据反馈有助于广告主评估广告的曝光效果以及广告投放的覆盖范围。

2.点击率

点击率是指广告被点击的次数与广告展示量之间的比例。通过实时数据反馈，广告主可以了解广告的点击率，即广告对受众的吸引力和互动程度。如果点击率较低，广告主可以考虑优化广告内容、调整广告定位或投放渠道，以提高广告的点击率。

3.转化率

转化率是指用户在看到广告后采取进一步行动的比例，比如点击广告、注册、购买产品等。实时数据反馈可以帮助广告主了解广告的转化率，从而评估广告的营销效果。如果转化率较低，广告主可以分析原因并进行相应的优化，例如改进目标受众定位、调整营销策略或优化用户体验。

4.广告成本控制

实时数据反馈还可以帮助广告主对广告投放成本进行控制和评估。通过实时监测广告效果和相关指标，广告主可以及时调整广告预算和投放策略，以提高广告投资的回报率。

（二）灵活投放方式

数字广告平台提供了多种灵活的广告投放方式，以满足企业在推广产品或服务时的不同需求。这些投放方式包括搜索引擎广告、社交媒体广告和视频广告等，企业可以根据自身情况选择最合适的方式进行投放。

1.搜索引擎广告

搜索引擎广告是一种常见且有效的数字广告投放方式。通过在搜索引擎结果页面上显示广告，企业可以将自己的产品或服务直接呈现给潜在客户。这种方式能够提高品牌曝光度，并吸引那些正在主动寻找相关信息的用户。企业可以根据关键词的竞争程度和预算来进行投放，以达到更好的广告效果。

2.社交媒体广告

社交媒体广告是一种广泛应用的投放方式。随着社交媒体的普及，越来越多的人在社交平台上花费时间，因此在这些平台上投放广告能够获得较大的曝光机会。企业可以根据自身目标受众的特征和偏好，在不同的社交媒体平台上选择投放广告。例如，对于年轻人群体，可以选择在微博或抖音上投放广告；而对于专业人士，可以选择在 LinkedIn 上进行广告投放。

3.视频广告

视频广告也是一种备受青睐的广告投放方式。随着在线视频观看的流行，通过在视频平台上投放广告能够吸引更多用户的关注。企业可以选择在热门的视频网站或流媒体平台上投放广告，以增加品牌知名度和产品销售量。视频广告形式多样，可以是前贴片广告、中插式广告或悬浮式广告等，企业可以根据自己的需求和预算选择适合的形式进行投放。

二、移动端广告的特点

移动端广告是指在移动设备上展示的广告，具有以下几个特点：

（一）广告形式多样化

移动端广告形式的多样化为广告呈现带来了更大的创意空间，同时也提升了用户体验。在移动设备上，广告可以采用文字、图片等多种形式展示，使得广告内容更加生动、吸引人，并且能够更好地传达产品或服务的信息。

1.文字广告

文字广告是一种简洁而直接的广告形式。通过精心设计的文案和标题，文字广告能够在有限的空间内快速传达核心信息。这种形式的广告适合于那些对产品或服务了解较多的用户，他们可以通过文字广告中的关键词和描述来快速获取所需信息，从而促使他们进一步行动。

2.图片广告

图片广告在移动设备上具有较高的视觉吸引力。通过精美的图片设计，广告可以迅速吸引用户的注意力并传达品牌形象和产品特点。图片广告通常会使用高清晰度的图片和醒目的色彩，以增加视觉冲击力。图片广告还可以利用滑动或点击等交互方式，提供更多的信息或展示产品的不同角度，进一步激发用户的购买欲望。

除了文字和图片广告，移动端还提供了其他形式的广告，如原生广告、插屏广告和横幅广告等。这些广告形式的多样化使得企业可以根据产品特点和目标受众的喜好选择最合适的展示方式。

（二）地理位置定位

移动设备如今普遍具备定位功能，这一特性为广告行业带来了巨大的变革和机遇。通过实时获取用户所在位置信息，并利用定向投放广告的方式，广告商可以提高广告传播效果，更精准地触达目标受众群体。

地理位置定位技术是通过移动设备内置的全球定位系统（GPS）、基站定位、WLAN 定位等手段，能够追踪和确定用户所处的具体地理位置。这种技术的发展使得广告投放不再仅仅依赖于用户的兴趣爱好和个人资料，而可以结合地理位置信息，实现更加精准的广告投放。

地理位置定位能够帮助广告商更好地了解用户的行为习惯和消费特征。通过分析用户的地理位置信息，广告商可以推断出用户的生活方式、常去的商圈等关键信息。这样一来，广告商就可以根据用户的实际情况，制定更加精准的广告策略，提供更有针对性的广告内容，增加用户对广告的接受度和点击率。

地理位置定位还可以帮助广告商实现更精准的定向投放。通过地理位置信息，广告商可以将广告投放到用户所在区域或附近的商圈，以确保广告能够最大程度地触达目标受众。例如，在用户附近的商圈推送相关的促销信息或优惠券，可以提高用户的购买欲望和消费意愿，从而增加广告的转化率。

地理位置定位还能够帮助广告商进行竞争情报分析和市场调研。通过对用户地理位置信息的收集和分析，广告商可以了解不同区域的市场需求和竞争态势。这为广告商制定营销策略和产品定位提供了有力的参考依据，有助于提升广告活动的效果和回报。

需要注意的是，地理位置定位也涉及用户隐私保护的问题。广告商在使用地理位置信息时，必须遵守相关法律法规，并尊重用户的隐私权。合法、透明、安全地使用地理位置信息，才能有效建立用户信任，进而提高广告传播效果。

（三）碎片化阅读习惯

随着移动设备的普及和互联网的发展，人们的阅读习惯也发生了明显变化。相比传统 PC 端，移动设备上的广告受众更容易分散注意力，阅读时间较短，这就要求移动端广告必须具备更加精简、有吸引力的内容，以吸引用户的关注和激发他们的兴趣。

移动设备的便携性和随时随地可访问的特点使得人们在碎片化的时间内进行阅读成为可能。例如，在排队等候、乘坐公共交通工具或者休闲时，人们会通过手机或平板电脑进行浏览。由于这些时间片段通常较短且容易被其他事物干扰，用户对于广告的关注度和阅读时间都较有限。

因此，移动端广告需要针对这种碎片化阅读习惯进行优化。广告内容应当精简明了，突出核心信息。由于阅读时间有限，广告应尽量避免过多的文字和复杂的图像，而是采用简洁明了的语言和清晰直观的图像，以便用户一目了然地了解广告内容。

移动端广告需要有吸引力和独特性。在众多碎片化阅读的广告中脱颖而出并吸引用户的注意力是至关重要的。可以通过使用高质量的图片、短视频或动画等多媒体元素来增加广告的吸引力。同时，广告的创意和设计也应该与目标受众的兴趣相契合，使其更容易引起用户的共鸣。

移动端广告还可以采用个性化推荐的方式，根据用户的兴趣爱好和历史行为进行定向投放。通过分析用户的浏览记录、搜索关键词等数据，广告商可以更准确地把握用户的需求和偏好，提供更符合用户兴趣的广告内容，从而提高用户的点击率和转化率。

最后，移动端广告应注重广告与内容的融合。在用户进行碎片化阅读时，广告应尽量与用户正在阅读的内容相关联，以自然而然地吸引用户的注意力。例如，在新闻资讯类应用中，将广告与新闻内容有机结合，或者在社交媒体中以原生广告的形式呈现，能够有效地提高广告的曝光度和接受度。

三、数字广告策划与移动端广告对企业营销的影响

（一）增加销售机会

数字广告策划和移动端广告在企业营销中的影响是不可忽视的。随着互联网的普及和移动设备的智能化，越来越多的消费者选择在移动端进行购物。通过在移动应用或移动网站上投放广告，企业能够将产品和服务直接推送给潜在客户，提高销售转化率。数字广告策划可以根据用户的行为数据和兴趣偏好，进行个性化定向投放，进一步提高广告的点击率和转化率。

数字广告策划和移动端广告能够提高品牌知名度。通过在移动应用、社交媒体平台等渠道上进行广告投放，企业可以将品牌信息传递给更多的潜在客户，扩大品牌影响力。同时，数字广告策划还可以结合创意和互动性，设计吸引人的广告内容，增强用户对品牌的认知和记忆。这样，企业就能够在竞争激烈的

市场中脱颖而出，赢得消费者的关注和信任。

数字广告策划和移动端广告能够改善用户体验。移动设备具有便携性和个性化特点，使得用户可以随时随地获取所需信息和享受优质服务。通过移动端广告的投放，企业可以提供个性化推荐、优惠促销等服务，满足用户的个性化需求，提升用户体验。同时，数字广告策划还可以利用互动性和娱乐性，增加用户参与度，使用户更加愿意与广告进行互动，提高广告的效果和用户对广告的接受度。

（二）优化广告投放效果

数字广告策划和移动端广告在企业营销中的另一个重要影响是优化广告投放效果。通过精准的定向投放、数据分析和优化策略，企业能够提高广告的曝光度、点击率和转化率，实现更好的广告效果和投资回报。

传统媒体广告往往面向大众，不能准确地把握目标受众的兴趣和需求。而数字广告策划和移动端广告通过数据分析和人工智能技术，可以深入了解用户的行为习惯、兴趣爱好等特征，并进行精准的定向投放。例如，企业可以根据用户的地理位置、年龄、性别等信息，将广告展示给最具潜力的目标受众，提高广告的曝光效果和点击率。

通过数据分析和反馈机制，企业可以及时获取广告投放的效果数据，包括广告曝光量、点击量、转化率等指标。这些数据可以帮助企业评估广告的效果，并及时调整广告策略和投放方式。例如，如果某个广告在特定渠道上的点击率较低，企业可以通过优化广告内容、调整投放时间等方式，提高广告的效果和用户的参与度。

数字广告策划和移动端广告可以利用 A/B 测试等方法进行优化。A/B 测试是一种比较两个或多个版本的广告效果的实验方法。通过同时投放不同版本的广告，并对比它们的效果指标，企业可以找出更有效的广告形式和内容。例如，企业可以测试不同的广告标题、图像、呈现方式等因素，以确定哪种设计更吸引用户并获得更高的点击率和转化率。通过不断优化广告内容和形式，企业可以提升广告投放效果，增加销售机会。

数字广告策划和移动端广告还可以与其他营销渠道进行整合，提高广告投放效果。企业可以将数字广告与社交媒体、电子邮件营销、搜索引擎优化等渠道相结合，形成全面的营销策略。例如，企业可以通过在社交媒体平台上投放广告，吸引用户点击并转化为潜在客户。同时，通过与搜索引擎优化相结合，提高网站的排名和曝光度，增加广告的点击率和转化率。整合不同渠道的营销策略可以最大限度地提高广告投放效果，实现更好的营销效果。

第三节 广告效果评估与优化

广告是企业在市场上宣传和推广产品或服务的重要手段，而广告效果评估与优化则是指对广告投放后的效果进行分析和改进，以提高广告的传播效果和营销效果。

一、广告效果评估的重要性

广告效果评估是衡量广告投放效果的关键环节，它能帮助企业了解广告的传播效果、消费者的反应以及广告投入与销售业绩之间的关系。通过广告效果评估，企业可以及时发现广告传播中存在的问题和不足，有针对性地进行调整和优化，以提高广告的效果和回报。

广告效果评估还可以为企业提供决策依据，根据广告效果评估的结果，企业可以判断广告投放的效果是否达到预期目标，从而决定是否继续投放、增加投放力度或调整广告策略。同时，广告效果评估也可以为企业提供市场反馈和竞争情报，帮助企业了解市场需求和竞争态势，指导企业的市场推广和产品策划。

二、广告效果评估的方法和步骤

广告效果评估可以采用多种方法和指标进行，下面介绍几种常用的评估方法和步骤：

（一）媒体监测方法

媒体监测是广告主评估广告传播效果的重要手段之一。通过对广告投放的媒体进行监测和分析，可以了解广告在媒体上的曝光情况、频次、覆盖面以及受众反应等指标，从而评估广告的传播效果和影响力。媒体监测可以借助专业的媒体监测软件或机构进行，也可以结合自身的数据分析工具和资源进行。下面介绍几种常见的媒体监测方法：

1.媒体监测软件

利用媒体监测软件可以实时跟踪广告在各个媒体渠道上的曝光情况。这些软件通常能够提供广告的曝光量、频次、覆盖面等数据，并且可以根据不同的媒体平台进行分析和比较。媒体监测软件还可以通过关键词监测、舆情分析等方式了解受众的反应和情感倾向。

2.第三方媒体监测机构

除了使用媒体监测软件，广告主还可以委托第三方媒体监测机构进行监测和评估。这些机构通常有专业的团队和技术手段，可以提供更全面、准确的数据分析报告。他们会对广告在各个媒体上的曝光情况进行监测，并结合受众调研等数据分析方法，给出综合评估和建议。

3.自有数据分析工具和资源

一些大型广告主可能拥有自己的数据分析工具和资源，可以通过内部团队进行媒体监测和分析。他们可以利用自有的数据平台，收集和整理广告在各个媒体上的数据，并结合其他关键指标进行分析和评估。这种方式相对灵活，可以根据广告主的需求进行定制化分析。

（二）网络数据分析方法

随着互联网的普及和发展，网络数据分析在广告传播领域扮演着至关重要的角色。通过对广告投放的网络平台进行数据分析，可以获取广告的点击量、转化率、用户行为等指标，从而评估广告的传播效果和效益。网络数据分析可以借助网站统计工具、社交媒体分析工具和数据挖掘技术进行，提供全面和实时的数据支持。

1.网站统计工具

广告主可以通过网站统计工具来监测和分析广告在网站上的表现。这些工具能够提供广告的点击量、转化率、访问路径等数据，并且能够将数据进行可视化呈现，帮助广告主更好地了解用户行为和广告效果。

2.社交媒体分析工具

对于在社交媒体平台上进行广告投放的情况，可以借助社交媒体分析工具来进行数据分析。这些工具可以提供广告在社交媒体上的曝光量、点击量、转化率等数据，并且可以分析用户的兴趣偏好、互动行为等，帮助广告主评估广告的传播效果和用户反应。

3.数据挖掘技术

利用数据挖掘技术，广告主可以从海量的网络数据中提取有价值的信息。通过分析用户的点击行为、搜索关键词、购买记录等，可以深入了解受众的兴趣爱好、消费习惯等特征，从而更准确地评估广告的效果和影响力。

（三）销售数据分析方法

销售数据分析是评估广告效果的重要方法之一。通过对广告投放期间和后续销售数据进行分析，可以了解广告对销售业绩的影响和贡献，从而评估广告的传播效果和回报。销售数据分析可以结合企业内部的销售系统和数据库进行，也可以借助第三方数据分析软件或机构进行。

1.内部销售系统和数据库

广告主可以利用自身的内部销售系统和数据库来进行销售数据分析。这些系统和数据库通常能够提供广告期间和后续的销售数据，包括销售额、订单量、客户转化率等指标。通过将广告投放时段与销售数据进行对比和关联分析，可以初步了解广告对销售业绩的影响。

2.第三方数据分析机构

如果企业没有自己的数据分析团队或资源，可以委托第三方数据分析机构进行销售数据分析。这些机构通常拥有专业的团队和技术手段，能够提供全面、准确的数据分析报告。他们会对广告期间和后续的销售数据进行监测和分析，并结合其他关键指标，给出综合评估和建议。

在进行广告效果评估时，需要根据具体情况选择适合的评估方法和步骤，并结合多种方法和指标进行综合评估，以获取更准确和全面的评估结果。

三、广告效果优化的策略和措施

广告效果优化是指针对广告效果评估结果，采取相应的策略和措施，对广告进行改进和提升，以提高广告的传播效果和营销效果。

（一）优化广告创意

优化广告创意是提升广告传播效果的关键环节。通过优化广告创意，可以提高广告的吸引力、情感共鸣和记忆度，从而增强广告的传播效果和影响力。优化广告创意可以从图文设计、声音效果、文案撰写等方面入手，确保广告与目标受众的需求和心理匹配。

1.图文设计优化

在进行广告创意设计时，需要考虑目标受众的审美喜好和品牌定位。优化图文设计可以从颜色搭配、排版布局、字体选择等方面入手，确保广告呈现出视觉上的吸引力和专业性。同时，要注意图文内容的清晰度和适应不同平台的尺寸要求，以确保广告在不同设备上的展示效果。

2.声音效果优化

对于视频广告或具有声音元素的广告，声音效果的优化至关重要。合适的背景音乐、声音剪辑和音量控制可以增加广告的情感共鸣和吸引力。同时，要确保声音和图像之间的协调，避免声音和图像不一致或产生冲突的情况。

3.文案撰写优化

广告文案是传递信息和引发受众兴趣的关键部分。优化文案可以从准确传达核心信息、使用简洁明了的语言、强调产品或服务的独特卖点等方面入手。同时，要注意文案易于阅读和理解，能够在短时间内吸引受众的注意力。

（二）加强广告跟踪和管理

通过加强广告跟踪和管理，可以及时发现广告传播中存在的问题和不足，有针对性地进行调整和优化，从而提高广告的效果和回报。建立完善的广告跟踪系统和管理机制，对广告投放过程进行监控和分析，及时采取相应的措施。

1.设定明确的目标和指标

在广告投放之前，设定明确的目标和评估指标，如点击率、转化率、ROI等。这些目标和指标应当与广告主的营销策略和业务目标相一致。通过设定明确的目标和指标，可以对广告的效果进行衡量和评估，并为后续的跟踪和管理提供依据。

2.建立广告跟踪系统

建立一个完善的广告跟踪系统，用于收集、记录和分析广告投放过程中的数据。这可以包括使用专业的媒体监测软件、自有的数据分析工具或第三方数据分析平台等。通过广告跟踪系统，可以实时监测广告的曝光量、点击量、转化率等数据，并对广告效果进行分析和评估。

3.数据分析和报告生成

基于收集到的广告数据，进行数据分析和报告生成，以便更深入地理解广告的效果和趋势。这可以包括利用数据挖掘技术、统计分析方法等进行数据处理和分析，生成可视化的报告和图表，帮助广告主更好地把握广告的传播效果和回报。

第五章　广告法规与道德规范

第一节　广告法规概述

广告在现代社会中无处不在，它是商业传播的重要手段之一。为了维护市场秩序、保护消费者权益和社会公共利益，各国普遍制定了广告法规来规范广告行为。

一、广告法规的定义

广告法规是由国家或地区立法机构制定并颁布的具有强制性效力的法律、法规、规章或其他文件，旨在管理和规范广告活动。这些法规的主要目的是保护市场经济秩序，防止虚假、夸张、误导和不正当竞争等不良广告行为的发生，以维护广告行业的健康发展并保障消费者的合法权益。

广告法规的制定涉及广告行业的各个环节，包括广告内容、广告发布、广告宣传方式、广告主体资质等方面的规范。其中，广告内容方面的规定通常会要求广告必须真实、准确、明确，不能含有虚假、夸大、误导的信息；广告发布方面的规定则会对广告的时间、地点、方式进行限制，以防止对公众造成困扰或干扰；广告宣传方式方面的规定会关注广告的形式、语言、音乐等要素，以确保广告不会侵犯公众的利益或道德底线；广告主体资质方面的规定则会要求广告主体必须符合一定的条件和标准，如注册登记、资质认证等。

对于广告行业来说，广告法规可以促进广告市场的健康发展，提升广告行业的职业道德和形象，增强广告活动的合法性和可信度；对于消费者来说，广告法规可以保护他们的权益，使他们能够获得真实、准确的信息，避免被虚假、夸张的广告误导或欺骗。

随着社会的发展和科技的进步，广告形式和传播渠道不断变化，广告法规也需要与时俱进。因此，广告法规的制定和修改应该与广告行业的发展趋势和消费者需求相适应，以确保广告市场的公平竞争和消费者的利益最大化。

二、广告法规的目的

（一）促进公平竞争

广告法规的目的是促进公平竞争。在商业领域中，广告是企业宣传产品或服务的重要手段，能够吸引消费者的注意并促使其购买。然而，如果广告存在虚假、夸大和误导等问题，就会损害消费者的权益，并扭曲市场竞争环境。因此，广告法规的出台就是为了确保企业能够在竞争中公平地呈现自己的产品或服务。

1.禁止虚假广告

虚假广告指的是广告内容与事实不符，或者存在欺骗性陈述。这种广告可能会误导消费者，让他们对产品或服务产生错误的认知，从而做出错误的购买决策。广告法规的目的就是通过禁止虚假广告，保护消费者的合法权益，维护市场秩序。

2.禁止夸大广告

夸大广告指的是对产品或服务的效果、品质等进行过度渲染或夸大其优点，以吸引消费者的关注。虽然这种广告可能会增加产品的销售，但当消费者发现实际情况与广告所宣传的不符时，会对企业产生失望和不信任感。因此，广告法规限制夸大广告的出现，以确保广告内容真实可信。

3.禁止误导性广告

误导性广告指的是通过虚假或模糊的陈述，让消费者产生错误的理解或期望。这种广告可能会让消费者误以为产品具有某种特性或效果，但实际上并非如此。误导性广告不仅会给消费者带来损失，也会扭曲市场竞争环境，影响其他企业的公平竞争权益。因此，广告法规要求广告内容清晰明了，不能存在误导性成分。

（二）维护社会公共利益

广告法规的另一个重要目的是维护社会公共利益。在某些特定领域，如药品、酒精、烟草等，广告可能对公众健康和社会稳定造成潜在风险和负面影响。广告法规通过限制这些领域的广告内容和方式，以保护公众的健康和社会的稳定。

1.药品广告

药品直接关系到人们的生命安全和身体健康，虚假或夸大的药品广告可能误导消费者，使其对药物的功效、副作用和适应症产生错误的理解。为了确保公众的健康和安全，广告法规规定药品广告必须真实、准确地描述药物的特点、作用和使用方法，并禁止医疗机构和医务人员代言药品。这样可以防止不合理的药品宣传和滥用，保障公众的用药安全。

2.酒精和烟草广告

酒精和烟草产品对个人健康有害，并可能导致社会问题，如酒驾、吸烟引发的疾病等。为了保护公众免受这些有害产品的影响，广告法规限制了酒精和烟草广告的内容和宣传方式。例如，禁止在未成年人容易接触到的媒体上发布酒精和烟草广告，禁止使用与健康和幸福无关的形象来宣传这些产品。通过限制这些广告的传播，广告法规有助于减少公众对有害产品的接触和消费，从而维护了公众的健康和社会的稳定。

3.其他社会公共利益

广告法规还对其他一些涉及社会公共利益的领域进行了限制，如金融服务、教育机构等。金融广告的虚假宣传可能误导消费者，增加其财务风险；教育机构的夸大宣传可能使学生和家长产生不实的期望。广告法规规定了金融广告和教育广告必须真实、准确地反映产品或服务的实际情况，以保护消费者的权益和公众的利益。

（三）规范广告行业自律

广告作为商业活动中的重要组成部分，需要遵守一定的道德和行业准则，以保证广告宣传的合法性、诚信性和社会责任感。广告法规通过设立广告审查机构、规范广告宣传方式等手段，促进广告行业的自律和良性发展。

广告法规设立了广告审查机构，负责对广告内容进行审核和监督。这些机构根据广告法规的规定，对广告内容进行审查，确保广告不违反法律法规、不损害公共利益，并防止虚假、夸大、误导性等问题的出现。广告审查机构的设立促使广告主在发布广告前进行审查和申报，增加了广告宣传的合规性和可靠性。

广告法规规定了广告宣传方式和行为准则。广告宣传方式的规范化有助于提高广告的透明度和真实性。例如，广告法规要求在广告中标明广告性质，禁止使用虚假宣传、误导消费者的手法，限制过度渲染和夸大宣传。广告法规还规定了特定领域广告的宣传限制，如医疗、食品等领域。这些规定旨在引导广告行业遵循公共道德和职业操守，维护广告宣传的合法性和诚信性。

广告法规还规定了广告主体和广告从业人员的责任和义务。广告主体有责任确保广告内容真实准确，并承担相应的法律责任。广告从业人员需要遵循职业道德，不得参与虚假、欺骗等不当行为。广告法规对于违反规定的行为设定了相应的处罚和制裁措施，以促使广告行业自觉遵守法规和行业准则。

三、广告法规的实施情况

广告法规在不同国家和地区存在差异，但普遍来说，各国都非常重视广告行业的管理和规范。一些发达国家和地区建立了较为完善的广告法规体系，并设立了专门的广告监管机构，通过加强宣传、发布法规、开展检查等方式加大对广告行业的监管力度。同时，也采取了严厉的处罚措施对违规广告进行惩罚，以维护市场秩序和保护消费者权益。

但随着广告行业的快速发展和新媒体技术的出现，广告法规的实施面临一定的挑战。一方面，广告形式多样化、传播途径复杂化，使得广告监管变得更加困难。例如，随着互联网的普及和社交媒体的兴起，广告可以通过各种渠道进行传播，监管机构需要跟进并适应这些新形式的广告。另一方面，一些不法分子利用技术漏洞和法律空白，进行虚假广告宣传，给消费者权益带来了威胁。虚假广告不仅误导消费者，还可能造成经济损失和社会不良影响。

为了应对这些挑战，各国需要不断完善广告法规，并加强国际合作。监管机构应密切关注广告行业的发展动态，及时调整和更新法规，以适应新形势下的广告监管需求；应加强与互联网平台、社交媒体等相关企业的合作，共同打击虚假广告，建立更加健康、透明的广告环境；通过加强国际间的合作与交流，各国可以借鉴彼此的经验，共同应对跨国广告和互联网广告带来的挑战。

科技手段也可以在广告监管中发挥重要作用。例如，利用大数据分析技术可以对广告进行实时监测和评估，快速发现违规行为并采取相应措施。人工智能技术也可以用于识别虚假广告和隐性广告，提高监管的效能和准确性。

第二节　广告道德规范与社会责任

广告作为市场经济中不可或缺的一环，扮演着推动产品销售、传播信息和引导消费者行为的重要角色。但广告活动也面临着伦理和道德问题，广告道德规范和社会责任成为确保广告行业健康发展的关键因素之一。

一、广告道德规范的重要性

（一）保护消费者权益

保护消费者权益是广告道德规范的重要内容之一。广告作为信息传递的渠道，其内容必须遵守真实、准确、公正的原则，以提供客观、有价值的信息给消费者。广告商应当承担起责任，确保不进行虚假宣传和误导消费者的行为。

1.提供真实准确的信息

消费者通过广告获得产品或服务的相关信息，广告的内容必须与实际情况相符。广告商不应夸大产品或服务的优点，也不能隐瞒其缺点。提供真实准确的信息可以帮助消费者做出明智的购买决策，并确保他们对产品或服务的期望与实际相符。

2.遵循公正原则

广告应当在同一行业中进行公平竞争，不得使用虚假宣传手段来诋毁竞争对手或误导消费者。广告商应该依靠自身的优势来推广产品或服务，而不是通过贬低其他竞争对手来获取利益。只有在公正的竞争环境下，消费者才能获得真正可信的广告信息，做出符合自身利益的决策。

3.尊重消费者的知情权和选择权

消费者有权知道他们购买的产品或服务的真实情况。广告商不应以虚假宣传或误导性信息来欺骗消费者，广告应当提供客观、全面的信息，让消费者能够理性地评估产品或服务的优缺点，并根据自身需求做出决策。

广告道德规范的存在对于保护消费者权益至关重要。它确保了广告活动的诚信和透明度，防止了消费者受到不必要的误导和欺骗。只有在遵守广告道德规范的前提下，广告行业才能获得消费者的信任和支持，从而实现长期可持续发展。同时，消费者也可以通过对广告内容进行审慎判断，保护自己的权益，享受到更好的消费体验。因此，广告行业应当严格遵守广告道德规范，为消费者提供诚信可信赖的广告信息。

（二）维护市场秩序

维护市场秩序是广告道德规范的一个重要目标。广告作为引导消费者购买决策的工具，如果缺乏道德约束，可能会导致市场秩序混乱和不公平竞争的问题。因此，制定广告道德规范对于确保市场健康有序发展至关重要。

1.确保广告活动的公平性

在市场竞争中，各家企业都希望通过广告来推广自己的产品或服务。然而，如果广告商采取不公平手段，如散布虚假信息等，将扭曲市场竞争环境。广告道德规范的制定可以限制这些不正当行为的出现，促使广告商在竞争中遵守公平竞争原则，确保市场秩序的正常运转。

2.提高广告活动的透明度

消费者依赖广告获取产品或服务的相关信息，并基于这些信息做出购买决策。如果广告商在传播信息时缺乏诚信，使用虚假宣传手法，消费者将难以准确评估产品或服务的价值。广告道德规范要求广告商提供真实准确的信息，避免虚假宣传和误导消费者的行为，从而增加广告活动的透明度，让消费者能够做出明智的购买决策。

维护市场秩序是广告道德规范的重要任务之一。通过制定和遵守广告道德规范，可以确保广告活动的公平性和透明度，防止不正当竞争行为的发生，促进市场的健康有序发展。

（三）提升企业形象

道德行为是企业树立良好形象的基石，而广告作为企业传递信息和推广产品的重要手段，承载着塑造企业形象的责任。遵守广告道德规范可以提升企业的声誉和信誉度，增加消费者对产品和品牌的信任度，从而使企业在市场竞争中获得更好的地位。

1.建立企业的诚信形象

诚信是企业与消费者之间建立互信关系的基础。广告道德规范要求广告商诚实守信，只有在广告内容真实可信的前提下，消费者才会相信企业所宣传的产品或服务，并愿意与企业建立长期合作关系。

2.增加消费者对产品和品牌的信任度

消费者在购买决策时往往依赖广告所传达的信息。如果广告商违反道德规范，将破坏消费者对产品和品牌的信任。相反，遵循广告道德规范，提供真实、准确的信息，消费者将更加愿意相信企业的产品和品牌，并增加购买的动力。

3.提升企业的社会声誉

广告行为不仅影响消费者，也对整个社会产生影响。广告道德规范要求广告商尊重消费者权益，遵循社会伦理价值观。如果企业能够通过广告传递积极向上的信息，关注社会问题并提出解决方案，将赢得社会的认可和支持，提升企业的社会声誉。

二、广告从业人员的社会责任

广告从业人员作为广告活动的推动者和参与者，应当承担相应的社会责任，以确保广告行为符合道德规范。

（一）诚信经营

诚信经营是广告从业人员应当遵守的基本原则之一。广告从业人员应该坚守诚信原则，不得散布虚假信息或进行误导性宣传。他们应当确保广告内容真实可靠，不夸大产品或服务的优点，也不隐瞒其缺点，以免误导消费者。

广告从业人员作为广告活动的推动者和参与者，必须以诚实守信的态度对待广告内容的传播。他们应当遵循道德底线，确保广告所宣传的信息真实准确。

通过诚实守信的行为，广告从业人员可以赢得消费者的信任，建立长期稳定的客户关系。

广告从业人员应当遵守相关法律法规，确保广告活动合法合规。广告行业受到一系列法律法规的约束，包括虚假广告、欺诈性宣传等方面的禁止规定。广告从业人员应该了解并遵守这些法律法规，确保广告活动符合法律要求。他们不得散布虚假信息或进行误导性宣传，否则将面临法律责任。遵守法律法规是诚信经营的基本要求，也是广告从业人员履行社会责任的重要表现。

（二）尊重消费者权益

尊重消费者权益是广告从业人员应当坚守的原则之一。他们应该尊重消费者的知情权、选择权和隐私权，保护消费者的个人信息安全，不得滥用或泄露消费者的个人数据。

消费者有权知道他们所购买的产品或服务的相关信息。广告从业人员应该提供充分而准确的信息，让消费者能够了解产品或服务的特点、性能、价格等重要内容。他们不应隐瞒重要信息或故意误导消费者，以免剥夺消费者做出明智决策的机会。

消费者有权自主选择适合自己的产品或服务。广告从业人员不应利用欺诈手段或其他不正当手段来限制消费者的选择范围，也不应强迫消费者做出不符合他们真实需求的决策。他们应该通过提供充足的信息，帮助消费者做出理性的购买决策，并尊重消费者的选择权。

个人信息安全是消费者的基本权利之一，广告从业人员应该确保消费者的个人信息不被滥用或泄露。他们应该采取必要的措施，保护消费者的个人信息安全，遵守相关法律法规和隐私政策的规定。在收集和使用消费者个人信息时，广告从业人员应当获得消费者的明确同意，并保证合法、安全、透明地处理这些信息。

（三）推动社会责任

推动社会责任是广告从业人员应当肩负的重要使命之一。他们应积极参与社会公益活动，通过广告平台传播环保、公益等正能量信息，引导消费者关注社会问题并采取相应行动。

广告从业人员可以利用广告平台传播环保信息。环境保护是当今社会亟须关注和行动的重要议题。广告从业人员可以借助广告媒体的力量，向公众传递环保理念、知识和实践方法，提高公众对环境保护的意识。例如，可以通过广告宣传节约能源、减少废物、推广可再生能源等环保措施，鼓励消费者采取绿色环保的生活方式。

广告从业人员可以推广公益活动。公益事业是社会发展的重要组成部分，通过广告传播公益信息，可以唤起公众对社会问题的关注，并鼓励他们参与公益活动。例如，广告从业人员可以制作公益广告，宣传慈善机构的工作和需要帮助的群体，呼吁公众捐款或参与志愿者活动。通过广告的力量，可以动员更多人参与公益事业，推动社会的进步和发展。

广告从业人员还可以借助广告平台传递积极向上的信息，鼓励消费者采取有益于个人和社会的行动。他们可以通过广告宣传健康生活方式、良好的人际关系、文化素质的提升等方面的信息，引导消费者改变不良习惯、培养积极心态，并为个人和社会的可持续发展作出贡献。

通过积极参与社会公益活动和推动社会责任，广告从业人员可以发挥广告的正能量，引导消费者关注社会问题并采取相应行动。他们可以利用广告平台传播环保、公益等正能量信息，唤起公众对社会问题的关注，并激发他们参与社会公益的热情。这不仅有助于提升企业形象和品牌价值，也为社会的可持续发展作出了积极贡献。

第三节　虚假广告的防范与处理

虚假广告是指在商品宣传过程中，以欺骗、夸大、虚构等手段对商品或服务进行误导性描述的广告行为。这种广告通过虚假宣传使消费者产生错误认知，进而影响其购买决策。

随着互联网和移动通信技术的迅速发展，广告已经成为商业活动中不可或缺的一部分。虚假广告作为一种误导消费者的行为，给市场秩序和消费者权益带来了严重威胁。因此，虚假广告的防范与处理变得尤为重要。

一、虚假广告的防范措施

虚假广告严重影响了市场秩序和消费者的权益。为了减少虚假广告的发生，保护消费者合法权益，各方面需要采取一系列的防范措施。

（一）加强监管和执法

政府部门应加强对广告市场的监管和执法力度，完善广告法规体系，明确虚假广告的定义和处罚标准。加大对虚假广告行为的打击力度，对违法广告主动立案查处，并公布处理结果。

在加强监管和执法方面，政府可以采取以下措施：

1.完善广告法规体系

通过修订和完善广告法律法规，明确广告从业者的责任和义务，规范广告市场秩序。

2.明确虚假广告的定义和处罚标准

制定明确的虚假广告定义，包括涉及产品性能、功效、质量等方面的虚假宣传，同时建立相应的处罚标准，确保对虚假广告行为进行有效打击。

3.加大打击力度

加强广告监测和巡查力度，积极发现和调查虚假广告行为，及时采取行政处罚措施，对严重违法广告进行立案查处，并公布处理结果，以警示其他广告从业者。

4.加强行业自律

促使广告从业者加强自我约束，建立行业自律机制，制定行业准则和行为规范，推动广告行业良性发展。

通过加强监管和执法力度，政府可以有效遏制虚假广告的蔓延，保护消费者合法权益，维护广告市场的正常秩序，促进广告行业的健康发展。

（二）完善广告自律机制

为了提升广告行业的职业道德水平和规范广告从业人员的行为，建议广告行业采取以下措施完善自律机制：

1.职业道德教育和培训

加强对广告从业人员的职业道德教育和培训，提高其宣传文化素质和法律意识。培养广告从业人员正确理解和遵守广告法规的意识，强调诚信宣传、保护消费者权益等核心价值观。

2.行业准则和行为规范

制定广告行业的行业准则和行为规范，明确广告从业人员的职责和义务，规范广告创作、宣传和传播行为。要求广告内容真实、合法，不得含有虚假宣传和误导性信息，严禁侵犯他人权益和违反社会伦理的行为。

3.投诉举报渠道和处理机制

建立健全的投诉举报渠道，使广大消费者能够方便快捷地举报涉嫌虚假广告。广告行业应设立专门的机构或委员会负责受理和处理投诉举报，对涉嫌虚假广告进行调查核实，并依据相关规定采取相应的惩戒措施。

4.信息公开和行业评价

通过公开发布违规广告案例、处罚结果等信息，增加广告从业人员和企业的舆论压力，推动他们自觉遵守行业规范。同时，鼓励媒体和第三方评价机构对广告行业进行监督评价，提供独立客观的意见和建议。

通过完善广告自律机制，广告行业能够更好地保护消费者权益，提高广告内容的真实性和合法性，促进广告行业的健康发展。这不仅有助于树立行业形象，也能够增强广告行业的社会责任感和可持续发展能力。

（三）增加广告审核力度

为了保障广告内容的真实性和合法性，广告发布平台可以采取以下措施加强广告审核：

1.建立广告内容审核数据库

建立起广告内容审核的数据库，包括常见的虚假宣传手法、违法广告案例等信息。通过积累和更新这些数据，提高广告审核人员对违规广告的辨识和判断能力。

2.严格审核广告内容

加强对广告内容的审核，审查广告所涉及的产品性能、功效、质量等方面的宣传是否属实，并核对广告中使用的数据和证据的可靠性。确保广告所宣传的信息真实可信，不得含有虚假或误导性内容。

3.形成黑名单制度

对违法违规广告进行记录，形成黑名单制度。将违规广告主、广告代理商等列入黑名单，限制其在广告发布平台上发布广告。黑名单制度的建立将起到警示作用，促使广告从业者自觉遵守广告法规。

4.及时屏蔽或删除违规广告

一旦发现违规广告，广告发布平台应立即采取行动，对其进行屏蔽或删除。确保违规广告不会对消费者造成误导和损害,并向相关监管部门报备违规情况。

5.加强合作与信息共享

广告发布平台可以加强与监管部门、行业协会等的合作，建立信息共享机制。及时交流违规广告的情况，提供给监管部门进行查处，共同维护广告市场的正常秩序。

通过加强广告审核力度，广告发布平台能够更好地过滤虚假、违法广告，保护消费者权益，维护广告市场的公平竞争环境。同时，这也有助于提高广告行业的整体形象和信誉度，促进广告行业的可持续发展。

二、虚假广告的处理措施

虚假广告给消费者带来了误导和损害，严重扰乱了市场秩序。为了维护广告市场的正常运行和保护消费者的权益，对虚假广告的处理需要采取一系列的措施。

（一）立案查处

针对虚假广告行为，相关监管部门应主动采取立案查处措施。以下是在立案查处方面可以采取的措施：

1.及时接收投诉举报

建立健全的投诉举报渠道，确保消费者和其他相关方能够方便快捷地向监管部门举报虚假广告行为。监管部门应积极响应，并及时受理、记录和处理投诉举报。

2.迅速展开调查核实

一旦接到投诉举报或发现虚假广告行为，监管部门应立即展开调查核实工作。调查人员须按照法定程序进行调查，收集相关证据材料，确保调查结果的准确性和可靠性。

3.充分调取证据

在调查过程中，监管部门应充分调取相关证据，包括广告宣传材料、产品测试数据、销售合同等。这些证据将有助于判断广告是否存在虚假宣传行为，为后续的处理提供依据。

4.合作与协调

在调查过程中，监管部门应与其他相关部门进行紧密合作与协调。通过信息共享、专业技术支持等方式，提高调查的效率和质量。例如，可以与市场监管部门合作，共同打击虚假广告行为。

（二）惩罚制度

为了有效打击虚假广告行为，应建立明确的虚假广告处罚制度。以下是关于虚假广告的惩罚措施和处理方式：

1.行政处罚

对违法的广告主体或相关责任人，可以采取行政处罚措施。这包括警告、罚款、责令停止发布广告等，根据违法情节轻重进行相应的处理。

2.罚款

对虚假广告行为给消费者带来损害的，可以依法对广告发布者进行罚款。罚款金额应根据广告发布的影响范围、社会影响程度和违法所得等因素进行合理确定。

3.吊销广告经营许可证

对严重违法的广告主体，可以吊销其广告经营许可证。吊销广告经营许可证意味着该企业无法继续从事广告经营活动，有效遏制其虚假广告行为。

4.信用记录处理

对违法违规的广告主体或责任人，可以在个人或企业的信用记录中做相应的处理。这将对其日后的商业活动产生影响，并在一定程度上对其从事广告行业形成限制。

5.民事赔偿

对因虚假广告受到误导和损害的消费者，可以通过民事诉讼要求广告发布者承担相应的赔偿责任。这将迫使广告发布者对其虚假宣传行为负责，并为受害者提供合理补偿。

6.刑事追究

对严重违法的虚假广告行为，涉及欺诈、侵权等犯罪行为的，可以依法进行刑事追究。这将加大对虚假广告行为的打击力度，起到威慑作用，维护广告市场的正常秩序。

建立明确的虚假广告处罚制度，能够强化对违法广告行为的惩罚力度，提高违法成本，有效遏制虚假广告的蔓延。同时，也有助于保护消费者的权益，维护广告市场的公平竞争环境，推动广告行业的健康发展。

（三）公开曝光

为了警示消费者和广告从业者，对虚假广告行为进行公开曝光是一种有效的手段。

1.媒体披露

通过媒体渠道，如电视、广播、报纸等，向公众披露虚假广告的违法行为和处理结果。这可以借助媒体的影响力，加大对虚假广告的曝光程度，提高公众的警惕性。

2.官方网站发布

监管部门可以在官方网站上发布虚假广告案例和相关处理结果。这将使得信息更加全面、及时地传递给公众，增强公众对虚假广告的认识和辨别能力。

3.社交媒体传播

利用社交媒体平台，如微博、微信等，将虚假广告信息传播给更多的人群。社交媒体具有快速传播、互动性强的特点，可以扩大公众对虚假广告的关注度和讨论度。

4.网络平台公布

广告发布平台、电商平台等可以在其平台上公布虚假广告行为，并对违规广告进行屏蔽或删除。这将为广大消费者提供一个安全、可信的购物环境，加强对虚假广告行为的打击。

通过公开曝光虚假广告行为，可以起到警示作用，引起广大消费者和广告从业者的重视。同时，也能够增强消费者对虚假广告的辨别能力，提高他们的消费决策水平。这有助于净化广告市场环境，推动广告行业向着更加诚信和透明的方向发展。

（四）加强消费者教育

为了提高消费者对虚假广告的辨别能力，加强消费者的消费意识和权益保护意识，需要采取一系列的措施。

1.宣传教育活动

开展宣传教育活动，通过各种媒体渠道，如电视、广播、报纸、互联网等，向公众传递正确的消费理念和知识。这可以包括制作宣传片、举办专题讲座、举办消费者权益宣传周等形式，提高消费者的警惕性和防范意识。

2.发放宣传材料

向消费者发放宣传材料，如手册、小册子、海报等，以简明易懂的方式介绍虚假广告的特征和常见手段，指导消费者如何辨别和避免虚假广告的误导。

3.加强学校教育

将消费者权益保护纳入学校教育体系，通过课程设置和专题讲座等方式，培养学生正确的消费观念和消费行为习惯。增强青少年对虚假广告的辨别能力和自我保护意识。

4.提供在线资源和指南

建立相关的在线资源平台，提供消费者权益保护的知识、案例分析、投诉举报指南等内容。消费者可以随时获取相关信息，提高对虚假广告的了解和应对能力。

通过加强消费者教育，可以提高消费者对虚假广告的辨别能力，增强他们的消费意识和权益保护意识。

（五）加强国际合作

1.经验交流与分享

加强国际间的经验交流和分享，通过举办国际研讨会等形式，促进各国在虚假广告领域的经验和实践的交流。这有助于各国借鉴他国成功的监管和打击虚假广告的经验，提高自身的能力和水平。

2.信息共享

建立起跨国的信息共享机制，促进各国监管部门之间的信息互通。共享虚假广告案例、调查结果、处理经验等信息，有助于及时了解和追踪跨境虚假广告行为，加强合作打击跨国虚假广告。

3.跨国执法合作

加强跨国执法合作，建立更加紧密的合作机制。通过建立联合调查组、联合打击跨国虚假广告犯罪团伙等方式，共同打击跨境虚假广告行为，追查虚假广告的源头。

4.国际合作协议

推动各国之间签署和落实广告领域的国际合作协议，如共同打击虚假广告的合作协议。这将为国际合作提供法律依据和框架，加强合作的有效性和可持续性。

5.联合行动与公开声明

各国监管部门可以联合发表公开声明，表达对虚假广告的共同立场和决心。通过联合行动，形成国际间的合力，向虚假广告行为发出明确的警示，并共同推动广告市场的规范化发展。

通过加强国际合作，各国能够共同应对虚假广告问题，形成合力打击跨境虚假广告行为。这有助于净化全球广告市场环境，保护消费者的权益，促进广告行业的健康发展。同时，也能够加强国际间的交流与互信，推动全球广告行业朝着更加诚信和可持续的方向发展。

第六章　广告策划与品牌建设

第一节　品牌建设概述

在当今竞争激烈的市场环境中，品牌建设对于企业的发展至关重要。一个成功的品牌不仅能够提高企业的知名度和形象，还能够为企业带来更多的商机和利润。因此，企业需要重视品牌建设并制定相应的策略，以确保其品牌能够在市场中脱颖而出。

品牌建设是指企业通过一系列的活动和策略来塑造、传达和维护其品牌形象的过程。它包括品牌定位、品牌设计、品牌推广等多个方面，旨在让目标消费者对企业的产品或服务产生认同感，并选择其品牌而非竞争对手的品牌。

一、品牌建设的重要性

（一）提高企业知名度

品牌建设的重要性在于提高企业的知名度。一个强大的品牌能够帮助企业在竞争激烈的市场中脱颖而出，并吸引更多的目标消费者。

在市场中，存在着无数的产品和服务供消费者选择。当消费者面临众多选择时，他们往往会选择那些熟悉和信任的品牌。通过品牌建设，企业可以提高自身的知名度，从而使消费者更容易发现并选择该品牌的产品或服务。

消费者对于品牌有一定的认知和期待，他们相信品牌代表了一种质量、可靠性和信誉。当企业建立起一个良好的品牌形象时，消费者会更愿意购买该品牌的产品或服务，因为他们相信这个品牌会满足他们的需求并提供优质的体验。

在同质化产品泛滥的市场中，企业需要通过品牌差异化来吸引消费者的注意。一个独特而有吸引力的品牌形象可以帮助企业与竞争对手产生区隔，使消费者更容易记住和识别该品牌。

当企业建立起良好的品牌声誉时,消费者会通过口碑传播品牌的优点,并推荐给他们的朋友和家人。这种口碑营销可以为企业带来更多的潜在客户和重复购买者,从而促进业务的增长。

（二）增加产品竞争力

品牌建设对于企业的重要性在于它能够增加产品的竞争力。通过品牌建设,企业可以塑造其产品或服务的独特形象和价值主张,从而吸引消费者并提高产品销售量。

在市场竞争激烈的环境中,消费者面临着众多选择。一个明确、有吸引力的品牌形象可以帮助企业在众多竞争对手中脱颖而出,吸引消费者的注意力并赢得他们的喜爱。当消费者对品牌产生认同感时,他们更有可能选择该品牌的产品或服务,从而提高企业的市场份额。

一个知名的品牌在市场上具有较高的曝光度,消费者更容易识别和记住。随着品牌形象的积累和传播,消费者对该品牌的信任度也会逐渐增加。消费者对品牌的信任感使得他们更愿意购买该品牌的产品,尤其是在面对选择不确定性的情况下。而且,一个良好的品牌声誉可以帮助企业应对危机和挑战,保护企业形象并维护消费者的忠诚度。

品牌不仅仅是一个标识符,更是企业所承诺的一种价值和承诺。企业可以通过品牌传递其产品或服务的核心竞争优势和特点,使消费者认知到该品牌的独特价值。当消费者在选择产品时,他们往往会考虑产品的性能、质量、价格等因素,而一个有吸引力的品牌可以为消费者提供附加的情感价值和认同感,从而增加产品的吸引力。

（三）提高企业价值

品牌建设不仅可以增加产品竞争力,还能够提高企业的价值。一个强大的品牌形象可以为企业创造巨大的商业价值,吸引更多的投资者和合作伙伴。

具有良好品牌形象的企业通常被认为是有竞争力、可靠和专业的。通过品牌建设,企业能够树立起一种积极正面的形象,展示其在市场中的实力和价值。一个有声誉的品牌让投资者和合作伙伴对企业的未来发展充满信心,他们更愿意与企业进行合作或投资。这样的信任和合作将为企业带来更多资源和机会,进一步推动企业的发展。

品牌建设可以为企业赋予附加的经济价值。一个知名的品牌往往具有较高的市场认知度和忠诚度，消费者更倾向于购买该品牌的产品或服务。这种消费者忠诚度使得企业能够稳定地获得收入，并增加市场份额。同时，品牌的知名度也为企业带来了更多的商业机会，例如品牌授权、品牌扩张等，进一步增加了企业的收入和价值。

一个强大的品牌还可以为企业创造溢价效应。消费者通常认为知名品牌的产品或服务具有更高的质量、价值和信任度。因此，他们愿意为这些品牌支付更高的价格。通过树立强大的品牌形象，企业能够将产品定位为高端市场，从而实现产品溢价销售，提高利润率。这种溢价效应为企业创造了额外的经济价值，并提升了企业在市场中的地位和竞争力。

二、品牌建设的步骤和策略

要实施成功的品牌建设，企业需要遵循一系列的步骤和策略：

（一）品牌定位

品牌定位是企业在目标市场中确定自身位置和差异化竞争策略的过程。通过分析目标消费者、竞争对手和市场趋势，企业可以确定自己的目标市场和核心竞争力，并以此为基础进行品牌建设。

企业需要研究并理解目标市场中的消费者需求、偏好和行为习惯。这包括对消费者群体的人口统计特征、购买决策因素和消费心理的分析。通过细致的市场调研和消费者洞察，企业能够确定自己的目标消费者，并了解他们对产品或服务的期望和需求。

企业应该了解竞争对手在目标市场中的表现和优势，分析他们的品牌定位和市场策略。同时，也要关注市场的发展趋势和变化，把握市场机会和挑战。通过对竞争对手和市场环境的分析，企业可以确定自己的差异化竞争策略，找到与众不同的品牌定位点。

基于对目标消费者、竞争对手和市场趋势的深入分析，企业可以确定自己的目标市场和核心竞争力。目标市场是企业希望服务和满足的特定消费者群体，而核心竞争力是企业相对于竞争对手具备的独特优势和价值。企业可以通过强调自身的核心竞争力来塑造品牌形象，并在目标市场中建立起与众不同的地位。

品牌定位的目的是使消费者能够清晰地认知和理解企业的产品或服务，并将其与竞争对手区分开来。一个明确的品牌定位可以帮助企业吸引目标消费者，建立品牌认知度和忠诚度。通过在市场中塑造独特的品牌形象和价值主张，企业能够提高产品的竞争力，赢得消费者的信任和选择。

（二）品牌设计

品牌设计是指对品牌名称、标志、口号等元素进行设计，以传达企业的核心价值和特点，并与目标消费者产生共鸣。在进行品牌设计时，企业需要考虑到品牌的可识别性、可记忆性和独特性。

品牌名称是品牌设计的重要组成部分之一。一个好的品牌名称应该能够简洁明了地表达企业的核心价值和特点。它应该易于发音、拼写和记忆，并与目标消费者的认知和情感相契合。通过一个有吸引力且与品牌定位相关的名称，企业可以在消费者中建立起品牌的认知度和记忆度。

品牌标志也是品牌设计中的关键要素。品牌标志是企业的视觉代表，具有唯一性和识别性。一个成功的品牌标志应该能够清晰地展示企业的身份和特色，与品牌名称相协调，并能够在不同媒体和尺寸上保持清晰可辨。例如，三面翠的英文译名"SAME ME TRACE"意为"追寻我的轨迹"，在早期 Logo 设计时有所体现。通过设计一个独特而有吸引力的品牌标志，企业可以在竞争激烈的市场中脱颖而出，给消费者留下深刻的印象（图 6-1）。

口号也是品牌设计中的重要元素之一。一个好的口号能够简洁地传达品牌的核心理念和价值主张。它应该具有吸引力、易于理解和记忆，并能够与目标消费者产生情感共鸣。通过一个有力的口号，企业可以进一步强化品牌形象和定位，让消费者对品牌产生认同感并加深品牌印象。

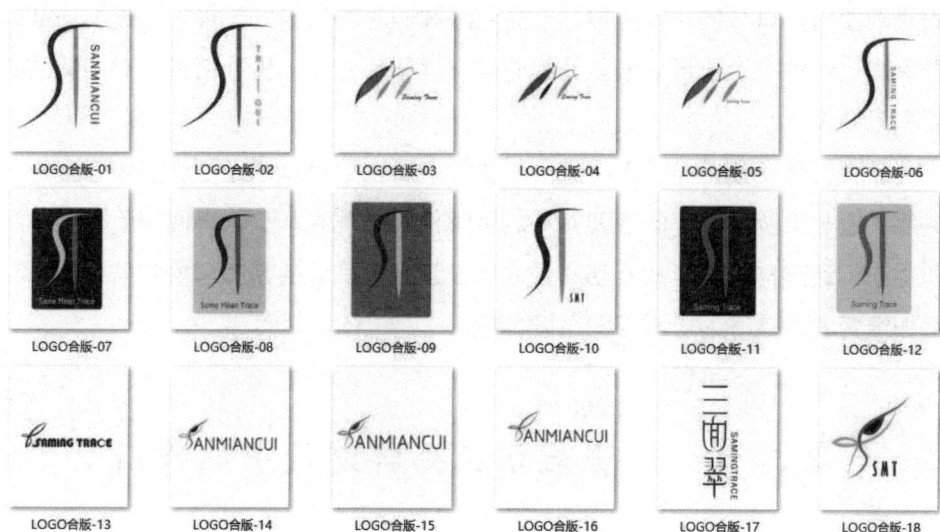

LOGO合版-01	LOGO合版-02	LOGO合版-03	LOGO合版-04	LOGO合版-05	LOGO合版-06
LOGO合版-07	LOGO合版-08	LOGO合版-09	LOGO合版-10	LOGO合版-11	LOGO合版-12
LOGO合版-13	LOGO合版-14	LOGO合版-15	LOGO合版-16	LOGO合版-17	LOGO合版-18

图 6-1　三面翠 Logo 设计初稿①

在进行品牌设计时，企业需要综合考虑品牌名称、标志和口号等元素的一致性和整体性。它们应该相互配合，相互支持，形成一个统一的品牌形象。同时，品牌设计还应与目标消费者的喜好和需求相契合，以确保设计的元素能够与他们产生共鸣并激发购买欲望。

（三）品牌管理

品牌管理是指企业为维护和提升品牌形象而采取的一系列策略和活动。通过建立专门的品牌管理团队，企业可以监控市场反馈和消费者反馈，并及时采取措施解决问题。企业还需要保持品牌形象的一致性，确保所有的营销活动都符合品牌定位和价值观。

品牌管理需要建立专门的团队或部门来负责品牌管理工作。这个团队应该具备市场洞察力和品牌战略能力，能够分析市场趋势和竞争状况，制定相应的品牌管理策略。他们需要密切关注市场反馈和消费者反馈，及时调整和改进品牌策略，以满足消费者的需求并提升品牌形象。

品牌管理需要确保品牌形象的一致性。企业应该建立统一的品牌标准和规范，以确保所有的营销活动和沟通都符合品牌定位和价值观。这包括品牌标志

---

① 三面翠品牌标识设计样稿，潘子尧策划，宋明阳设计。

的正确使用、口号的一致传播、产品包装和广告的风格统一等。通过维护品牌形象的一致性，企业可以增强品牌的辨识度和信任感，提升消费者对品牌的认同和忠诚度。

品牌管理还需要与消费者进行积极互动。企业可以通过社交媒体、客户服务等渠道与消费者进行沟通和互动，了解他们的需求和反馈，回应他们的问题和关注。通过与消费者的互动，企业可以建立起良好的品牌形象和信任关系，增加消费者对品牌的忠诚度和口碑传播。

第二节　广告策划在品牌建设中的作用

品牌建设成为企业取得成功的关键因素之一，而广告作为品牌传播的重要手段，广告策划则是实现品牌建设目标的重要环节。

一、提升品牌知名度和曝光度

品牌知名度和曝光度是企业在市场竞争中获取优势的关键因素之一。广告策划可以通过精心设计和有效传播，帮助企业提升品牌的知名度和曝光度，并吸引更多目标受众的关注和兴趣。

广告策划可以通过选择合适的媒体渠道和创意形式来传达品牌信息。随着科技的发展，媒体渠道的选择变得更加多样化和个性化。广告策划人员需要根据目标受众的特征和消费习惯，选择最适合的媒体渠道。同时，他们还需要设计创意独特、引人注目的广告内容，以吸引受众的注意力。例如，大益茶叶集团与央视合作打造电视节目，通过电视广告和节目内容相结合的方式，将品牌信息传递给广大观众，提高品牌知名度。

广告策划可以通过参与活动和公益事业来传播品牌价值观和企业文化。企业不仅仅是追求经济利益的组织，也承担着社会责任。通过参与公益事业和开展各种活动，企业可以展示自己的社会责任感和价值观，吸引公众的关注和支持。例如，大益茶叶集团积极参与公益事业，通过举办茶文化交流中心、推广中国茶文化等活动，传播茶文化魅力的同时也提升了品牌知名度。

广告策划还可以通过创意广告给消费者留下深刻的印象。在市场竞争激烈的环境下，创意广告可以帮助品牌与其他竞争对手区别开来，并在消费者心中留下深刻的印象。创意广告可以采用幽默、情感、故事等方式来吸引消费者的注意力，并激发他们的共鸣和兴趣。

二、塑造品牌形象和个性

通过广告的视觉设计、语言表达和情感渲染，广告策划可以向受众传递品牌的核心价值观和个性特点。

以大益普洱茶为例，他们在广告中强调了自己悠久的历史、高品质的产品和健康养生的理念，从而塑造了独特的品牌形象和个性。这种塑造主要通过以下几个方面实现：

（一）传递核心价值观

广告策划可以通过精心选择的视觉元素和语言表达来传递品牌的核心价值观。对于大益普洱茶来说，他们注重生态可持续发展，将技术研发改进应用于农业、药材、土壤改良、水治理等领域，体现企业的社会责任与担当。通过广告，他们可以向受众展示奉献健康、创造和谐的理念，回馈社会并分享企业的发展成果。

（二）塑造品牌个性

广告策划可以通过情感渲染和独特的视觉设计来塑造品牌的个性。例如大益普洱茶在广告中注重品质和信赖，努力构建与消费者和合作伙伴之间的深度信任关系。通过广告的呈现方式，比如音乐、演员的选择等，可以让受众对品牌产生亲近感，并形成品牌个性的印象。

（三）传递文化和民族精神

大益普洱茶希望将中国茶文化与民族气节相结合，展示中国饮茶文化和民族精神。通过广告策划，他们可以选择符合中国传统文化特点的元素，并结合当代的表达方式，传递出品牌的文化内涵和民族精神。例如图 6-2 所展示的三面翠品牌包装初稿设计是以马缨花为元素，并融入彝族喜爱的文化符号，展现了时尚和创新的风格。这种设计不仅传递了文化和民族精神，还表达了对彝族传统的尊重和珍视。它将彝族文化与现代包装设计巧妙结合，为产品注入了独特的艺术魅力和品牌价值。

图 6-2　三面翠品牌包装外观初稿设计[①]

通过以上这些手段，广告策划在品牌建设中不仅能够帮助品牌建立独特的形象和个性，还能够吸引目标受众的注意力，提升品牌知名度和认可度。

三、增加品牌认知度和信任度

广告策划在增加品牌的认知度和信任度方面起着重要作用。以下是一些如何实现这一目标的方式：

（一）建立品牌形象

广告策划可以通过创造独特而令人记忆深刻的广告形象来提高品牌的认知度。例如大益普洱茶可以利用广告中的视觉元素、配乐等，使消费者对品牌形象有深刻的印象。通过连续的广告宣传，消费者会逐渐将品牌与其特定的形象

---

① 三面翠品牌包装插画样稿，潘子尧策划，高蕊设计。

联系起来。

（二）强调产品优势

广告策划可以突出品牌的产品优势和特点，使消费者认识到品牌的价值。例如大益普洱茶可以通过广告强调其悠久的历史、高品质的产品和健康养生的理念，向消费者传达品牌的价值和好处。消费者在广告中了解到品牌所提供的独特价值后，会更愿意选择和信任该品牌。

（三）创造品牌故事

广告策划可以通过讲述品牌故事来建立与消费者的情感连接，并增加品牌的信任度。例如大益普洱茶可以通过广告讲述其源远流长的历史、传统制茶工艺以及对生态可持续发展的承诺，从而向消费者传达品牌的价值观和信念。这样的故事能够激发消费者的共鸣，并加深他们对品牌的信任。

通过以上策略，广告策划可以提高品牌的认知度和信任度。消费者在不断接触到品牌的广告后，会更容易将品牌与其所提供的产品和价值联系起来，并形成对品牌的信任感。这种信任感有助于消费者做出购买决策，并推荐给他人，从而进一步扩大品牌的认知度和影响力。

四、建立品牌口碑和社会影响力

广告策划在品牌建设中还可以帮助企业建立良好的品牌口碑和社会影响力。

（一）传递用户体验

广告策划可以通过展示真实用户的体验和评价，传递品牌的优秀质量和客户满意度。例如大益普洱茶可以利用广告宣传中的用户见证、用户评价等方式，向消费者展示产品的品质、口感和养生效果，从而建立起积极的品牌口碑。消费者倾听来自其他用户的正面评价后，便更有信心选择该品牌，进而增加品牌的社会影响力。

（二）打造成功故事

广告策划可以通过讲述成功故事来塑造品牌的口碑和社会影响力。例如大益普洱茶可以通过呈现一些消费者使用他们产品取得的成功经历或改善健康状况的案例，以此鼓励其他消费者选择品牌并分享他们的成功故事。这样的广告能够激发消费者的共鸣和认同感，使他们更愿意尝试并推荐该品牌，从而扩大品牌的口碑和社会影响力。

（三）建立公信力

广告策划可以通过广告中的证书认证、行业合作伙伴介绍等方式，增强品牌的公信力和社会影响力。例如大益普洱茶可以通过广告宣传自己所获得的荣誉、认证和与其他知名机构的合作关系，向消费者展示其专业性和可信度。这样的公信力能够赢得消费者的信任，提升品牌的社会影响力。

通过以上策略，消费者在接触到正面的品牌信息和用户体验后，会更加倾向于选择该品牌。这种口碑效应能够吸引更多的消费者关注和支持，进而扩大品牌的社会影响力，并在市场竞争中脱颖而出。

第三节　品牌建设中的广告策略与实施

一、广告策略的制定

（一）确定核心信息和差异化优势

在广告中，确定核心信息和差异化优势非常重要。企业需要仔细挖掘自身的独特卖点，并将其与目标受众的需求紧密结合，以创造有吸引力和差异化的广告内容。

确定核心信息是广告传递成功的关键。核心信息是产品或服务最重要的特点或价值主张。它应该简洁明了，让目标受众一眼看出产品或服务的优势。核心信息必须清晰地展示给目标受众，让他们迅速理解并产生兴趣。例如，如果一个公司销售健康饮品，核心信息可能是"天然有机，健康美味"。

突出产品或服务的差异化优势对于吸引消费者也非常重要。差异化优势是企业与竞争对手相比的独特之处。通过强调这些优势，企业可以在市场上脱颖而出。差异化优势可以是产品性能、设计、价格、服务质量等方面的突出特点。例如，如果一个电子产品公司的差异化优势是创新的技术和高质量的设计，他们可以在广告中强调这些优势，并展示产品与竞争对手的比较。

企业还应该密切结合目标受众的需求来确定核心信息和差异化优势。了解目标受众的喜好、需求和价值观是成功传递广告信息的关键。通过调研和市场分析，企业可以更好地了解目标受众的特点，并根据这些特点来设计广告内容。例如，如果目标受众是年轻人，企业可以使用时尚、年轻化的语言和形象来吸引他们。

（二）设定广告目标

设定广告目标是制定广告策略和实施计划的基础，它应该具体、可衡量和可实现。不同的广告目标可以包括增加品牌知名度、提高销售量、改变目标受众的态度等。

企业可以通过广告来提升品牌的知名度。这可以通过在各种媒体平台上投放广告、参与赞助活动、利用社交媒体进行品牌推广等方式来实现。为了衡量这一目标的达成程度，可以通过市场调研、品牌知名度指数等指标来评估广告的影响力。

提高销售量也是一个重要的广告目标。广告可以通过引起消费者的兴趣和购买欲望，促进产品或服务的销售。为了实现这一目标，企业可以在广告中突出产品的特点和优势，并提供促销活动或优惠券等激励措施。销售量可以通过销售数据统计、订单量等来衡量。

有时候，广告的目的是改变消费者对产品或服务的看法，建立正面的品牌形象。为了实现这一目标，广告可以通过情感营销、故事叙述等手法来打动受众的心弦，引起他们的共鸣和认同。

在品牌建设制定广告策略和实施计划时，需要根据不同的广告目标采取相应的措施。例如，针对增加品牌知名度的目标，可以选择在大众媒体上投放广告，进行品牌赞助活动等；针对提高销售量的目标，可以采用促销活动、优惠券等营销手段。

二、广告实施的要点

（一）保持连贯性

在品牌建设中，保持广告的连贯性非常重要。连贯性意味着不同广告之间要有衔接和延续，形成一个完整的品牌故事和品牌形象。通过保持连贯性，可以提高品牌的认知度和记忆度，让消费者更容易与品牌建立联系和共鸣。

保持连贯性可以帮助构建品牌故事。品牌故事是品牌与消费者之间的情感纽带，它能够吸引受众的兴趣并建立品牌的独特性。通过广告的连贯性，可以逐步展示品牌的发展历程、核心价值观和品牌使命等。这样的连贯性传递给消费者一种稳定和可信赖的感觉，增强了品牌的亲和力和吸引力。

保持连贯性还有助于增强品牌的认知度和记忆度。当消费者在多个渠道和媒体上看到相似或相关的广告时，他们更容易记住品牌和广告内容。这种重复出现可以加深品牌的印象，并在消费者做出购买决策时起到积极的影响。通过保持广告的连贯性，企业可以提高品牌的曝光度和影响力，从而吸引更多的潜在消费者。

要保持广告的连贯性，需要注意品牌的核心价值和故事线应该始终贯穿在不同广告中。无论是在电视广告、户外广告还是社交媒体广告中，品牌的核心信息和故事要保持一致；视觉元素、语言风格和品牌标识等方面也要保持一致。例如，使用相似的配色方案、字体和图像风格来传递品牌的视觉形象。

（二）定期评估和调整

通过监测广告效果和市场反馈，企业可以及时发现问题并采取相应措施进行调整。同时，随着市场环境的变化和竞争对手的策略调整，广告策略也需要灵活变动，以保持竞争力。

根据评估结果，及时调整措施是非常重要的。如果发现广告效果不佳或与预期目标不符，企业应该积极寻找问题的原因，并提出相应的解决方案。这可能涉及调整广告内容、优化媒体选择、改变传播方式等。通过及时的调整，企业可以提高广告的效果和影响力，更好地满足目标受众的需求。

随着市场环境的变化和竞争对手的策略调整，广告策略也需要灵活变动。市场是动态变化的，消费者需求和偏好也在不断演变。为了保持竞争力，企业需要密切关注市场趋势和竞争对手的动向，并根据需要进行相应调整。这可能包括更新广告内容、调整定位和目标受众、开发新的媒体渠道等。通过灵活调整广告策略，企业可以更好地适应市场变化，提升品牌的竞争力。

为了实施评估和调整，企业可以采取明确评估的指标和方法，这可能涉及数据收集和分析，以及市场调研和消费者反馈等方式；建立定期的评估机制，确保评估工作能够持续进行。可以是每季度、每半年或每年进行一次评估；根据评估结果制定相应的调整计划，并确保及时执行和监测调整效果。

三、实际案例分析

（一）Nike

以运动品牌 Nike 为例，探讨其品牌建设中的广告策略与实施。

Nike 作为全球知名的运动品牌，其广告策略与实施一直以来都非常成功。Nike 明确定位于年轻、活力、有激情的消费群体，以此作为品牌定位和传播核心。在广告创意设计方面，Nike 广告常常运用激励性的口号、动感的音乐和高品质的视觉效果，吸引年轻人的关注。Nike 还与众多知名体育明星合作，通过代言人的力量传达品牌形象和价值。

在媒体投放与传播渠道选择方面，Nike 充分利用了互联网和社交媒体等新媒体平台，通过发布精彩的广告视频和与消费者互动的活动，实现了广告信息的快速传播和消费者参与度的提升。Nike 还在重大体育赛事期间进行电视和户外广告投放，进一步扩大品牌影响力。

Nike 非常注重广告效果评估与调整。通过消费者调研、销售数据分析等方式，Nike 及时了解广告的传播效果和消费者的反馈，并根据情况进行相应的调整和优化，以不断提升广告效果和品牌价值。

（二）苹果公司

苹果公司作为品牌建设方面的佼佼者，其广告策略以创意和情感为核心，成功塑造了独特的品牌形象。其中，2006 年推出的"Get a Mac"系列广告是一个很好的例子。这一系列广告通过对比 MAC 电脑与 Windows 电脑的优势，生动地展示了 MAC 电脑的易用性和稳定性，为消费者创造了独特的购买动机。

"Get a Mac"系列广告的创意非常突出，通过幽默和夸张的手法，将 MAC 电脑和 Windows 电脑打造成两个具有人格特征的角色。MAC 电脑被呈现为时尚、自信和高效的形象，而 Windows 电脑则被描绘为笨拙、复杂和容易出问题的形象。通过这种对比，苹果公司成功地向消费者传递了 MAC 电脑的核心价值和优势。

除了创意，情感营销也是苹果公司广告策略的重要组成部分。苹果公司的广告常常注重情感共鸣，通过真实的故事和感人的画面来打动消费者的心弦。例如，苹果在 2013 年发布的圣诞节广告《Misunderstood》中，通过一个年轻男孩用 iPhone 拍摄家庭生活的视频片段，展示了家人团聚的温馨时刻。这个广告传递出关于爱和家庭的情感信息，引发了广大消费者的共鸣和赞赏。

苹果公司的广告语言和形象也非常简洁、生动。他们善于用简洁明了的语言表达产品的核心优势，并通过直观的图像和设计来吸引消费者的注意力。这种简洁性使得广告更容易被消费者理解和记住。

"Get a Mac" 系列广告在推出后获得了巨大的成功。它不仅提高了苹果公司的品牌知名度和认可度，还促进了 MAC 电脑的销售增长。这一系列广告以其独特的创意、情感营销和简洁生动的语言形象，成功地塑造了 MAC 电脑的品牌形象，吸引了广大消费者的兴趣和关注。

（三）Coca-Cola 可口可乐

Coca-Cola 可口可乐作为全球知名的饮料品牌，其广告策略注重情感共鸣和品牌价值的传递。可口可乐经常推出具有节日氛围的广告，如圣诞广告、新年广告等，通过营造温馨、快乐的氛围，引发消费者的情感共鸣。同时，可口可乐的广告也强调友谊、团结、快乐等品牌价值观，进一步加强了品牌形象和认知度。

可口可乐的广告策略中，他们善于利用音乐、故事和画面来打动消费者的心弦，引发他们内心深处的情感共鸣。例如，可口可乐经常推出的圣诞广告以家庭团聚、友情和爱为主题，通过温馨的故事和感人的画面，让消费者感受到节日的快乐和温暖。这种情感共鸣能够增强消费者与品牌之间的情感纽带，建立起消费者对可口可乐的积极情感。

可口可乐的广告也注重传递品牌价值观。他们强调友谊、团结、快乐等正能量的品牌价值，通过广告来传递这些价值观给消费者。例如，可口可乐在一些广告中展示了人们共享幸福时刻的场景，强调了友情和团结的重要性。这种积极向上的品牌价值观使得可口可乐成为许多人心目中的代表饮料，进一步增加了品牌形象和认知度。

另外，可口可乐的广告也注重在不同国家和地区传达适合当地文化和市场的信息。他们根据不同的节日、习俗和文化背景，定制特定的广告内容，以更好地与当地消费者产生共鸣。这种个性化的广告策略帮助可口可乐在全球范围内建立了强大的品牌影响力和市场地位。

第四节　广告策划与品牌价值的提升

随着消费者对品牌的关注度不断增加，如何有效地进行广告策划并提升品牌价值成为企业必须面对的重要问题。

一、广告策划的重要性

一个优秀的广告策划具有至关重要的作用，它能够帮助企业吸引目标受众的注意力，传达产品或服务的核心信息，并建立起积极的品牌认知。

一个好的广告策划能够吸引目标受众的注意力。在当今竞争激烈的市场环境中，人们每天接收到大量的广告信息，因此必须通过巧妙的设计和创意来吸引他们的眼球。这可能包括使用引人注目的图像、音频或视频内容，以及精心选择的文字和标语。通过与目标受众的兴趣和需求紧密契合，广告策划能够在海量信息中脱颖而出，吸引消费者的关注。

一个好的广告策划能够传达产品或服务的核心信息。无论是推广新产品还是强调已有产品的特点，广告策划需要明确传达产品或服务的核心价值和优势。通过准确而简洁地描述产品功能、解决问题的能力或满足消费者需求的方式，广告策划可以帮助消费者更好地理解和认识产品，从而增加购买的动机。

一个好的广告策划能够建立起积极的品牌认知。通过巧妙地将品牌形象、价值观和个性融入广告内容中，广告策划可以帮助企业塑造独特而积极的品牌形象。这有助于消费者将产品或服务与特定的品牌联系在一起，并在他们需要相关产品或服务时优先考虑该品牌。通过持续的品牌宣传和广告活动,广告策划可以加深消费者对品牌的认识和信任,从而建立起强大的品牌忠诚度。

二、品牌价值的提升

品牌价值是指消费者对品牌的认知和评价,它直接影响着品牌的市场地位和竞争力。一个具有高品牌价值的企业可以更好地吸引目标受众、提高产品溢价能力,并获得更大的市场份额。

(一)提供卓越的产品或服务

提升品牌价值的关键因素之一是提供卓越的产品或服务。消费者对于产品或服务的质量有着极高的要求,他们希望得到优质、可靠且具有竞争力的产品或服务。因此,企业需要不断努力提升产品或服务的质量,以满足消费者的需求并超越他们的期望。

企业需要确保产品或服务的质量符合标准和规范。通过严格的质量控制流程和检测机制,确保每一个产品或服务都能达到预期的质量水平。这包括从原材料的选择、采购到生产过程的控制,以及最终产品的检验和测试。只有在确保产品或服务质量可靠的基础上,才能为消费者提供满意的体验。

企业应该持续改进和创新产品或服务。市场竞争激烈,消费者的需求也在不断变化。为了保持竞争力,企业需要时刻关注市场趋势和消费者需求的变化,并灵活调整产品或服务的设计和功能。通过不断创新和改进,企业可以提供更具吸引力和独特性的产品或服务,从而吸引更多的消费者并提升品牌价值。

(二)建立良好的品牌形象

品牌形象是消费者对品牌的整体印象和认知,它可以通过广告、包装设计等方面进行塑造。一个良好的品牌形象对于企业来说至关重要。它不仅可以帮助企业赢得消费者的信任和忠诚度,还能为企业带来竞争优势和商业成功。那么如何建立一个良好的品牌形象呢?

企业应该明确定义品牌的核心价值观念。核心价值观念是品牌的灵魂和精髓所在,它代表了品牌的使命、愿景和价值观。企业需要深入研究目标市场和消费者需求,确立符合市场定位和消费者期望的品牌核心价值观念。

企业应该注重品牌的情感连接。品牌不仅仅是一种产品或服务，它还代表了一种情感和价值观念。通过打造与消费者情感相关的品牌形象，企业可以与消费者建立深层次的情感连接。

企业还应该关注用户体验。用户体验是树立良好品牌形象的重要环节。无论是产品质量、售后服务还是网站设计，都应该以用户满意度为中心，提供出色的用户体验。一个积极的用户体验可以帮助企业赢得口碑和忠诚度，进而增强品牌形象。

（三）加强品牌与消费者的互动

与消费者进行积极的互动可以增加他们对品牌的认知和参与度，进而提升品牌价值。企业可以通过社交媒体、营销活动等方式与消费者进行互动，了解他们的需求并及时回应。建立良好的品牌与消费者之间的关系，可以增加品牌的口碑和忠诚度。

1.社交媒体

社交媒体已经成为人们日常生活的重要组成部分，通过在社交媒体上开展活动、发布有趣的内容、回答消费者的问题等方式，企业可以与消费者建立直接的联系，并了解他们的意见、建议和需求。同时，企业还可以通过社交媒体平台收集消费者的反馈信息，从而改进产品或服务，提升消费者的满意度。

2.活动营销

活动营销是一种有效的方式，可以吸引消费者的注意力并增强品牌与消费者之间的互动性。企业可以组织线上或线下的促销活动、赛事、抽奖活动等，吸引消费者参与，并借此机会了解他们的需求和喜好。通过活动，企业可以拉近与消费者的距离，建立起更加紧密的关系。

3.用户调研和市场调查

通过调研和调查，企业可以获取有关产品、服务、价格等方面的反馈信息，从而进行针对性的改进和优化。同时，企业还可以邀请消费者参与产品测试或意见征集，让消费者感受到自己的意见被重视，增强他们对品牌的认同感。

4.推送

企业还可以通过定期发送电子邮件、短信或推送通知等方式与消费者保持联系。这样可以及时向消费者传递重要的信息、优惠活动和新产品发布等内容，使消费者感受到品牌的关注和关怀。同时，企业还可以在这些渠道上提供在线客服支持，及时回答消费者的问题和解决他们的疑虑，提升品牌形象和消费者满意度。

第七章　广告策划的创新与发展

第一节　广告策划的创新理念与思维

广告作为一种营销传播工具，扮演着重要的角色，能够吸引目标受众的注意力，传递产品或服务的信息，并最终促成购买行为。在竞争激烈的市场环境下，广告策划需要不断创新。

广告策划的创新理念是指在传达产品或服务信息的过程中，通过独特、富有创意的方式来吸引目标受众的注意力。创新理念可以帮助广告与众不同，与其他竞争对手相区别，从而提高品牌的知名度和认可度。创新理念还能够激发消费者的情感共鸣，增强品牌与消费者之间的情感连接，进而促成购买决策。

一、创新思维的特点

创新思维是广告策划中必不可少的一部分，它是创造性思维的体现，具有以下几个特点：

（一）开放性

开放性意味着敢于打破传统的束缚，摒弃限制性的思维模式，允许尝试不同的创意方向。

在传统的思维模式中，人们习惯于按照已有的经验和规则来思考问题，往往只能局限于既定的框架内寻找解决方案。而创新思维则要求我们跳出这些框架，勇敢地接受新的观念、新的方法，并将它们应用到实际问题中。

开放性的创新思维可以带来许多好处。它能够激发个人的创造力和想象力，使我们能够超越传统的思维模式，找到更加独特和创新的解决方案；能够促进不同领域之间的交流和合作，从而产生跨学科的创新。例如，在科技和艺术的结合中，就可以产生许多前所未有的创新成果；还可以帮助我们更好地适应不断变化的环境。

在今天的社会中,科技的发展和全球化的趋势使得竞争变得更加激烈和复杂。只有保持开放的思维,不断学习和适应新的知识和技能,才能够在这个快速变化的世界中保持竞争力。

(二)多元性

多元性可以带来不同的视角和观点。每个人都有自己独特的经验、知识和背景,这些因素会影响他们对问题的看法和解决方法。当团队成员具有多样化的背景和观点时,他们可以提供不同的思维方式和观点,从而为问题的解决带来更多可能性。通过多元性,团队可以避免陷入思维定式,拓宽思维边界,发现新的解决途径。

当人们接触到不同的观点和思维方式时,他们的思维就会被激活,思考问题的方式也会变得更加灵活多样。通过与不同背景和专业领域的人合作,我们可以在集体智慧的启发下,产生更多创新的想法和灵感。

多元性还可以提高团队的决策质量。当团队成员具有不同的观点和思维方式时,他们能够提供更全面的信息和分析,从而使团队在做出决策时更加准确和全面。多元性可以促进团队内部的辩论和讨论,避免盲目从众,从而达到更好的决策结果。通过多元性,团队可以更好地评估问题的各个方面,考虑到不同的风险和机会,并制定出更具创新性和有效性的解决方案。

(三)前瞻性

创新思维需要具备对未来趋势的敏锐洞察力,能够提前预测市场变化,并为之做好准备。随着科技的不断发展和全球化的加速,市场环境变得越来越复杂。只有具备前瞻性的思维,我们才能够更准确地预测未来的发展趋势,抓住机遇并避免风险。通过对市场变化的提前判断,我们可以在竞争中保持领先地位,为自己和组织创造更多的机会和竞争优势。

当我们对未来趋势有清晰的认识时,就能够更好地发现问题和需求,并提前进行创新。前瞻性思维使我们能够超越当前的局限,挑战现有的思维模式,寻找新的解决方案和机会。通过对未来趋势的前瞻性洞察,我们可以更好地调整自己的创新策略,推动组织不断进步和发展。

前瞻性还能够促进组织的长远规划和战略制定。通过对未来趋势的分析和预测，我们可以为组织制定长远的发展目标和战略方向。前瞻性思维使我们能够站在宏观的角度审视问题，并考虑到各种因素的影响和变化。通过前瞻性的规划和战略制定，我们可以使组织更加有远见、有准备地应对未来的挑战和机遇。

（四）风险承受能力

风险承受能力可以推动创新和创造力，创新往往涉及未知领域和不确定性，需要尝试新的想法和方法。如果我们对失败和风险过于畏惧，就很难有勇气去追求创新。相反，当我们具备较高的风险承受能力时，我们会更加敢于接受挑战，愿意尝试新的创意，从而激发创新和创造力的发展。通过承担风险，我们可以学会从失败中汲取经验教训，不断改进和创新。

在创新过程中，我们可能会面临各种困难和挑战，可能会遇到失败和挫折。然而，正是通过承担风险和面对困难，我们才能够学会解决问题、克服障碍，并不断成长和进步。风险承受能力使我们能够勇敢地面对困难，并从中获取宝贵的经验和教训，提高自己的能力和素质。

在快速变化的市场环境中，那些敢于冒险并愿意承担风险的个人和组织更容易发现新的机会。通过敢于尝试新的创意和方法，他们可以打破常规，获得先发优势，并在市场上取得领先地位。

最后，风险承受能力还可以培养创业精神和领导能力。创业往往伴随着高风险和不确定性，需要创业者有勇气和决心去承担风险。通过承担风险，我们可以培养出适应变化的能力、解决问题的能力和团队合作的能力，从而成为具有领导潜力的人才。

二、创新理念与思维的实践方法

在实践广告策划的创新理念时，以下几个方法可以帮助广告策划人员更好地应用创新思维：

（一）鼓励团队合作

鼓励团队合作是促进创新的重要一环。在广告策划领域，多样的观点和思维碰撞能够为创意解决方案提供更多的可能性。作为广告策划人员，我们应该积极推动团队成员之间的合作与协作，以共同探讨问题并寻找创意解决方案。

团队合作能够激发出更多创新的灵感和想法。每个人都有自己独特的经验、知识和视角，通过合作可以将这些资源进行充分的整合和利用。团队成员之间的交流和讨论可以激发出新的思路和创意，从而为广告策划工作带来更多可能的选择。

团队合作有助于避免盲点和局限性。一个人的视野和认知是有限的，很容易陷入自己的思维定式中。而通过团队合作，可以集思广益，减少个人盲点，并且能够从不同的角度审视问题。团队成员可以相互补充和纠正，使得创意解决方案更加全面和有效。

团队合作还能够提高工作效率和质量。团队成员之间的协作可以将工作分解并分配给不同的人，从而减少个人负担，提高工作效率。同时，团队成员之间的相互监督和反馈也能够促使每个人保持高水平的工作质量。

（二）结合科技应用

随着科技的快速发展，人工智能等新兴技术已经逐渐融入广告行业中，为广告创新带来了巨大的机遇。利用这些科技的发展，可以为广告注入更多生动、互动和个性化的元素，提升广告的创新性和吸引力。

人工智能在广告创新中扮演着重要的角色。通过深度学习和自然语言处理等技术，人工智能可以分析用户的浏览记录、搜索习惯和兴趣爱好，从而准确地推送个性化广告内容。例如，当用户在社交媒体上浏览关于旅游的帖子时，人工智能可以根据用户的喜好和偏好，向其推荐与旅游相关的广告，如酒店预订、景点门票等。这种个性化推荐不仅能够提高广告的点击率和转化率，还能够增强用户对广告的接受度和满意度。

除了个性化推荐技术，还有其他的科技应用可以为广告创新带来新的可能性。例如，利用大数据分析技术可以深入了解用户行为模式，从而更好地把握用户需求，精准定位广告目标受众；利用区块链技术可以确保广告数据的安全性和透明度，提高广告投放效果；利用增强现实技术可以将虚拟信息与现实场景相结合，为用户呈现出更加丰富和多样化的广告内容。

（三）跨界合作

在广告领域，与其他行业或领域的机构或个人进行跨界合作可以带来创新思维和独特的观点，为广告策划注入新的活力。

1.科技公司

科技公司通常具备先进的技术和研发能力，可以为广告增添互动性和个性化体验。例如，与智能硬件公司合作，可以开发出与用户进行互动的智能广告设备；与数据分析公司合作，可以利用大数据技术挖掘用户行为模式，实现精准定位和个性化推荐。这种跨界合作不仅可以提升广告的效果和吸引力，还能够为科技公司提供更多的市场拓展机会。

2.艺术家和设计师

艺术家和设计师通常具备独特的审美眼光和创造力，可以为广告带来别具一格的视觉效果和情感共鸣。他们的创意和艺术作品可以与广告融合，形成独特而令人难忘的广告形象。例如，与知名艺术家合作，可以为广告设计独特的插画或图案；与著名设计师合作，可以打造独特而富有品牌特色的广告视觉形象。这种跨界合作不仅可以提升广告的创意性和艺术性，还能够扩大艺术家和设计师的影响力和知名度。

3.媒体公司

媒体公司通常拥有广泛的资源和渠道，可以将广告传播到更多的受众当中。与媒体公司合作，可以借助他们的平台和渠道，提高广告的曝光度和覆盖范围。例如，与电视台合作，可以制作精彩的广告片段，在热门节目中播出；与社交媒体公司合作，可以通过精准的广告投放功能将广告推送给特定的目标受众。这种跨界合作可以实现广告的有效传播和营销效果的最大化。

第二节　广告策划的创新方法与技术

在当今信息爆炸的时代，广告已经成为企业推广品牌、产品和服务的重要手段。随着消费者对广告越来越"免疫"，传统的广告策划方法已经不能满足市场需求。因此，广告策划人员需要不断寻求创新的方法和技术，以吸引消费者的注意力并提高广告效果。

一、用户生成内容的广告策划

在当今社交媒体时代，消费者不再只是被动接受广告，他们更愿意参与到广告中，表达自己的声音和观点。用户生成内容（UGC）的广告策划正是基于这一趋势的一种创新方法。通过与用户互动和鼓励用户生成内容，将其整合到广告中，可以增加广告的曝光度、可信度和影响力。

（一）利用 UGC 提升广告可信度

用户生成内容（UGC）是指消费者自发创作和分享的内容，如评论、评级、照片和视频等。这些用户生成的内容可以在广告策划中起到提升可信度和影响力的重要作用。消费者更愿意相信其他消费者的推荐和评价，而不仅仅依靠品牌自身的宣传。因此，广告策划人员可以鼓励用户分享他们使用产品或服务的真实体验和评价。

一种常见的方式是邀请消费者拍摄使用产品的视频评测。通过 UGC 的整合，广告策划人员可以收集消费者的真实反馈和体验，并将其整合到广告中。这种方式不仅可以增加广告的可信度，还可以让潜在消费者更好地了解产品的特点和优势。例如，一家电子产品公司可以邀请消费者分享他们对新款手机的使用感受和功能体验。这样的 UGC 视频可以在广告中展示，使消费者更有信心去尝试和购买该产品。

发布购买后的真实评论也是提升广告可信度的有效方式。广告策划人员可以鼓励消费者在社交媒体或品牌网站上分享他们对产品或服务的评价。这些真实的用户评论可以展示消费者对产品的满意度、质量和性能等方面的观点，为广告增加可信度。例如，一家酒店可以在其官方网站上设立客户留言板，让消费者分享他们在酒店入住期间的真实体验和评价。这样的 UGC 可以用作广告中的引用或推荐，使潜在客户更有信心选择该酒店。

（二）用户参与式广告

用户生成内容的广告策划可以通过用户参与式广告来增加互动性和参与度。

这种广告形式鼓励用户参与到广告内容中，使其成为广告的一部分。

举例来说，广告策划人员可以设计一个有趣的游戏、挑战或互动活动，邀请用户参与其中并分享他们的参与过程。这样做不仅能够增加用户的参与度，还能够扩大广告的曝光范围和传播效果。

1.制定具有吸引力的主题

广告策划人员应该设计一个吸引人的主题或故事情节，以激发用户的兴趣和参与欲望。这个主题可以是与产品或品牌相关的，也可以是一个与用户生活密切相关的有趣话题。

2.设计互动体验

通过游戏、挑战或其他形式的互动活动，让用户参与到广告中。这些活动可以要求用户完成某个任务、解决谜题、拍摄照片或录制视频等等。关键是确保这些活动有趣、简单易行，并且能够与品牌形象或产品特点相呼应。

3.利用社交媒体传播

用户生成内容的广告策划通常通过社交媒体平台进行传播。广告策划人员可以要求用户在完成活动后将其分享到个人社交媒体账号上，并使用特定的标签或主题关键词。这样可以使广告内容迅速传播开来，增加曝光度和传播效果。

4.与用户互动和回应

在用户参与式广告中，及时与用户互动和回应非常重要。广告策划人员应该监控用户的反馈和评论，并及时回复，展示对用户参与的重视和关注。这种互动可以增加用户满意度，同时也有助于品牌形象的塑造和提升。

（三）UGC 的整合和管理

对于用户生成内容的广告策划，广告策划人员需要进行 UGC 的整合和管理。这包括收集、筛选和管理用户生成的内容，以确保其符合品牌形象和广告目标。

1.设立 UGC 平台或社区

广告策划人员可以建立一个专门的 UGC 平台或社区，鼓励用户在这些平台上分享和发布内容。这样可以集中用户生成的内容，并便于后续的管理和筛选工作。平台或社区应该提供简单易用的上传和分享功能，并提供指导和规范，以确保用户生成的内容符合广告要求和品牌形象。

2.制定明确的 UGC 准则和规范

为了保证用户生成的内容质量和一致性，广告策划人员应制定明确的 UGC 准则和规范。这些准则和规范应该明确阐述用户生成内容的主题、风格、长度、语言要求等，以及禁止涉及敏感话题或违反法律法规的内容。通过这种方式，可以引导用户创作出符合广告目标的内容，并避免不良内容的出现。

3.使用人工智能技术进行筛选和审核

由于 UGC 内容庞大，广告策划人员难以手动筛选和审核每一个用户生成的内容。因此，可以借助人工智能技术来实现自动化的筛选和审核。通过训练机器学习模型，可以识别和过滤出不符合要求的内容，例如涉及敏感话题或违反规定的内容。这样可以提高筛选效率，并确保用户生成内容的质量和合规性。

4.实时监测和处理不符合要求的内容

利用社交媒体监测工具和人工智能技术，可以实时监测 UGC 内容，并及时对不符合要求的内容进行处理。一旦发现有不良内容或违规行为，广告策划人员应立即采取措施，例如删除或屏蔽相关内容，并与用户进行沟通和解释。这样可以维护品牌形象和广告的合法性。

（四）激励机制和奖励措施

为了增加用户生成内容的积极性和参与度，广告策划人员可以设计激励机制和奖励措施。通过提供奖品、优惠券或独家权益等形式的回报，可以吸引更多用户参与 UGC 活动。

1.提供实物奖品

广告策划人员可以设立 UGC 活动的奖项，并提供实物奖品作为奖励。这些奖品可以是与产品相关的礼品、限量版商品或品牌合作伙伴提供的特别优惠。通过提供有吸引力的奖品，可以激发用户的参与积极性，并增加 UGC 活动的吸引力。

2.发放优惠券或折扣码

为了鼓励用户购买产品或服务，广告策划人员可以向参与 UGC 活动的用户发放优惠券或折扣码。这样不仅可以增加用户的参与度，还能够促进销售和转化率的提升。优惠券或折扣码可以在购买过程中使用，给予用户一定的经济实惠。

3.提供独家权益或特权

广告策划人员可以为参与 UGC 活动的用户提供独家权益或特权。例如，提前试用新产品、参加内部活动或成为品牌社区的 VIP 会员等。这些独家权益和特权可以增强用户的归属感和忠诚度，并进一步激发他们的参与积极性。

4.与影响力用户合作

与具有影响力的用户合作，邀请他们成为品牌的代言人或形象大使，是另一种有效的激励机制。这些影响力用户可以是社交媒体上的意见领袖、知名博主或行业专家。通过与他们的合作，可以借助他们的影响力和粉丝基础，吸引更多用户参与 UGC 活动。

需要注意的是，在设计激励机制和奖励措施时，广告策划人员应该确保奖励与 UGC 活动的目标和品牌形象相符。同时，要清晰明确地规定参与条件和规则，避免任何不当行为和欺诈行为的出现。

二、虚拟现实和增强现实的广告策划

随着科技的不断进步，虚拟现实（VR）和增强现实（AR）技术已经成为广告策划领域的创新工具。虚拟现实技术可以创造出沉浸式的广告体验，使消费者身临其境地感受产品或服务；而增强现实技术可以将虚拟元素叠加到实际场景中，为消费者提供与品牌和产品相关的互动体验。

（一）虚拟现实广告体验

虚拟现实广告体验的创新和沉浸性特点为企业提供了一种全新的方式来推广产品或服务。通过利用虚拟现实技术，消费者可以身临其境地感受到产品的特点和优势，从而增强对产品的认知和情感共鸣。

以汽车制造商为例，他们可以利用虚拟现实技术为消费者提供真实的试驾体验。通过穿戴虚拟现实头显设备，消费者可以进入一个虚拟的驾驶环境，并模拟真实的驾驶场景。在这个虚拟环境中，消费者可以感受到汽车的舒适性、操控性和安全性，仿佛真正坐在驾驶座上进行试驾。这种沉浸式的广告体验使消费者能够更加直观地了解汽车的特点和性能，同时也提供了一种与传统平面广告或视频广告不同的互动体验。

虚拟现实广告体验还可以进一步增强消费者的参与感和记忆效果。通过与虚拟环境中的产品进行互动，消费者可以自主选择不同的功能和操作，体验产品的多样性。例如，在虚拟汽车试驾中，消费者可以调整座椅的高度和角度，探索不同的驾驶模式，甚至在虚拟环境中进行个性化设置。这种参与感使消费者更加投入到广告体验中，增强了他们对产品的兴趣和情感连接。

虚拟现实广告体验还具有较高的传播效果和口碑传播效应。通过提供独特而引人注目的虚拟现实体验，企业可以吸引更多的消费者关注并分享他们的体验。消费者通常会将自己在虚拟现实广告中的体验与朋友、家人和社交媒体上的其他用户分享，从而扩大广告的影响力和传播范围。这种口碑传播效应可以帮助企业建立良好的品牌形象和声誉，并促使更多消费者对其产品或服务产生兴趣和需求。

（二）增强现实互动体验

增强现实互动体验利用增强现实技术将虚拟元素与实际场景叠加，为消费者提供了一种与品牌和产品互动的全新体验。通过使用手机或平板电脑上的增强现实应用程序，消费者可以在现实环境中观看虚拟模特试穿服装、实时查看家居展示效果等。

以家居品牌为例，他们可以开发增强现实应用程序，让消费者在手机上选择并放置家具到实际家居环境中。通过摄像头捕捉到的实际环境，消费者可以观察虚拟家具与实际环境的逼真叠加效果。这种互动体验使消费者能够更准确地判断家具的尺寸、颜色和样式是否与实际环境相协调，从而提高购买决策的准确性和满意度。

通过增强现实互动体验，消费者可以直观地感受到产品与自身需求的匹配程度。他们可以在现实环境中通过增强现实技术实时观察虚拟模特试穿服装的效果，了解服装的剪裁、质地和款式是否符合自己的喜好和身体特点。这种互动体验使消费者更加有信心做出购买决策，并减少因尺寸不合适或款式不满意而产生的退货率。

增强现实互动体验还可以提供更多的产品信息和价值，进一步吸引消费者的兴趣和参与度。通过增强现实应用程序，消费者可以触发虚拟元素，例如商品的详细介绍、使用方法和相关优惠信息。这种个性化的互动体验使消费者能够深入了解产品的特点和优势，从而更有信心购买。

增强现实互动体验也具有社交化和分享效应。消费者通常会将他们在增强现实应用程序中的互动体验与朋友、家人和社交媒体上的其他用户分享。这种口碑传播效应可以扩大品牌的影响力，并吸引更多潜在消费者的关注和参与。

（三）与社交媒体整合

虚拟现实和增强现实技术与社交媒体的整合为广告带来了更广泛的影响力和传播效果。消费者可以将他们在虚拟现实和增强现实体验中的内容分享到社交媒体平台上，与朋友和粉丝进行互动。

以虚拟现实游戏为例，消费者可以在游戏中捕捉到一只虚拟宠物，并将其分享到社交媒体上。这种分享行为不仅可以增加品牌的曝光度，还可以激发其他用户的参与积极性。当消费者在社交媒体上分享虚拟现实游戏的内容时，他们往往会标记品牌或使用特定的主题标签，使品牌得到更多关注。其他用户看到这些分享内容后，可能会产生兴趣并加入游戏，从而扩大了品牌的用户群体。

通过整合虚拟现实、增强现实体验与社交媒体平台，企业可以建立更紧密的用户社区和品牌忠诚度。消费者可以在社交媒体上与其他用户共享他们的虚拟现实和增强现实体验，并相互交流、讨论和分享心得。这种互动促进了用户之间的联系和沟通，增强了他们对品牌的归属感和忠诚度。用户还可以通过社交媒体平台上的品牌活动、抽奖和挑战来参与互动，进一步加深与品牌的互动和关联。

虚拟现实、增强现实技术与社交媒体整合还可以提供更多的营销机会和数据分析。企业可以通过社交媒体平台获取用户在虚拟现实和增强现实体验中的反馈和意见，并根据这些数据进行产品改进和市场定位。同时，企业可以利用社交媒体平台上的广告投放和定向营销功能，将虚拟现实和增强现实体验精准地传递给目标用户群体，提高广告的精准性和效果。

（四）在活动和展览中的应用

虚拟现实和增强现实技术在活动和展览中的应用可以为消费者提供独特而吸引人的广告体验。企业可以利用这些技术创造出引人注目的展示和互动环境，以吸引消费者的注意力并激发购买欲望。

在产品发布会或展览中，企业可以设置虚拟现实体验区域，让消费者亲身参与产品的体验。通过穿戴虚拟现实头显设备或使用增强现实应用程序，消费者可以与虚拟元素进行互动，感受产品的功能和效果。例如，一个家电品牌可以创建一个虚拟现实体验区域，让消费者通过虚拟现实头显设备亲自体验新款智能电视的画质和功能。消费者可以通过虚拟现实技术进入电视的虚拟环境，观看高清画面、调整设置和体验智能功能，从而更直观地了解产品的特点和优势。这种沉浸式的广告体验可以大大增加消费者对产品的认知和情感共鸣。

虚拟现实和增强现实技术还可以为活动和展览增加趣味性和互动性。通过设置虚拟游戏或挑战，消费者可以参与有趣的互动体验，并获得奖励或特殊优惠。例如，在一次汽车展览中，汽车制造商可以设置虚拟赛车游戏，让消费者通过虚拟现实头显设备模拟真实赛车场景，感受驾驶速度和操控乐趣。消费者可以与其他参与者竞争，争夺最佳成绩，并获得奖励或折扣券。这种互动体验不仅增加了活动的娱乐性和参与度，还可以吸引更多的参观者和粉丝。

虚拟现实和增强现实技术在活动和展览中的应用还可以提供更多的信息和参与机会。企业可以通过虚拟现实和增强现实技术呈现产品的详细介绍、使用方法和相关优惠信息。消费者可以通过与虚拟元素的互动，获取更全面的产品知识和购买建议。同时，他们还可以通过虚拟现实和增强现实应用程序参与各种品牌活动、抽奖和挑战，从而进一步加深与品牌的互动和关联。

（五）虚拟现实和增强现实广告制作和投放

虚拟现实和增强现实广告的制作和投放是一个关键的环节，需要广告策划人员掌握相关的制作工具和技术，以确保广告的质量和效果。

在虚拟现实和增强现实广告制作方面，通常需要与专业的创意团队和技术开发人员合作。创意团队可以根据品牌和产品的要求，设计出独特而吸引人的虚拟现实或增强现实体验。他们可以利用 3D 建模、动画制作和编程等技术，将品牌元素和产品特点融入虚拟世界中。技术开发人员则负责开发和优化相应的软件和应用程序，使虚拟现实和增强现实体验能够顺利运行并呈现出高质量的效果。

在虚拟现实和增强现实广告的投放方面，广告策划人员需要选择适当的渠道和平台来推送广告内容。消费者可以通过虚拟现实头显设备、手机 AR 应用程序或在活动和展览中体验相关内容。选择最佳的投放方式取决于目标受众、预算和广告目的等因素。例如，如果目标受众主要使用虚拟现实头显设备，那么广告策划人员可以选择在虚拟现实游戏或应用程序中投放广告。如果目标受众更多地使用手机或平板电脑，那么投放 AR 应用程序或在社交媒体平台上推送广告可能更为合适。

虚拟现实和增强现实广告的投放还需要考虑用户体验和互动性。广告策划人员需要确保广告内容与用户的兴趣和需求相匹配，并提供具有吸引力和互动性的体验。这可以通过与虚拟元素的互动、奖励机制和个性化定制等方式来实现，从而增强用户的参与度和品牌连接。

在投放之后，广告策划人员还需要进行数据分析和效果评估，以了解广告的表现和用户反馈。通过收集和分析相关数据，他们可以评估广告的效果并作出进一步的优化和改进。

第三节　广告策划的创新趋势与未来发展

随着科技的不断进步和消费者行为的变化，广告策划领域也在经历着持续的创新和发展。以下将探讨广告策划的创新趋势以及未来的发展方向。

一、创新趋势

（一）原生广告和品牌整合

原生广告指的是以与媒体内容风格和形式相符的方式呈现广告，融入用户的阅读或浏览体验中，以达到更好的用户接受度和品牌认知度。品牌整合则强调广告和品牌的无缝连接，通过在多个媒体平台上展开全面的品牌宣传和营销活动，形成统一的品牌形象和故事，增强品牌的影响力和认知度。

随着互联网的发展和用户对广告的审美要求不断提高，传统的广告形式已经不能满足用户的需求。原生广告作为一种新兴的广告形式，能够更好地融入媒体内容中，避免了用户对广告的抵触情绪，提升了用户接受度。原生广告能够以与媒体内容相似的形式、风格和语言来呈现，使得广告更加自然、有机地融入用户的阅读或浏览体验中。这种与媒体内容的一致性使得广告更容易被用户接受和理解，从而提高了广告的效果和品牌的认知度。

而品牌整合则是指在广告和品牌营销活动中，通过在多个媒体平台上展开全面的宣传和推广，形成统一的品牌形象和故事。品牌整合旨在实现广告和品牌之间的无缝连接，使得广告不再只是简单地传达产品或服务的信息，而是将品牌的核心价值和理念融入其中。通过在多个媒体渠道上进行品牌整合，可以更好地向用户传递品牌的关键信息，并强化品牌形象的一致性。

品牌整合的核心是要确保品牌在不同媒体平台上的宣传和推广是相互衔接、一致的。这需要在设计广告内容时充分考虑品牌的核心元素和特点，确保广告与品牌形象相契合。同时，在选择媒体平台时，需要根据目标受众的特征和偏好来确定最适合品牌的平台。这样，品牌整合才能够有效地传递品牌的核心价值和故事，提升品牌的影响力和认知度。

（二）绿色可持续理念

随着环境保护意识的提高，消费者对企业社会责任的要求也越来越高。广告策划需要将绿色可持续理念融入广告中，通过宣传企业的环保行动和可持续发展理念，赢得消费者的信任和支持。

在广告策划中融入绿色可持续理念的关键是突出企业的环保行动和可持续发展的优势。广告可以强调企业在生产过程中采取的环保措施，如减少能源消耗、降低废物排放、推行循环利用等。这些环保行动不仅有助于减少对环境的负面影响，还能为企业节约成本，提高竞争力。通过向消费者展示企业在环境保护方面的积极努力，广告能够增强消费者对企业的好感度和信任度。

广告可以宣传企业的可持续发展理念和战略。可持续发展强调在满足当前需求的同时，不损害未来的发展。广告可以通过故事叙述、图像呈现等方式，向消费者传递企业对可持续发展的承诺和行动。例如，可以强调企业采用可再生能源、推行循环经济、支持社会公益活动等方面的努力。这样的广告不仅能够提升企业形象，还能激发消费者对环保事业的共鸣和参与。

广告策划需要注意绿色可持续理念与产品或服务之间的契合度。如果企业的产品本身具备环保特性或与可持续发展密切相关，广告可以突出这些特点，并强调消费者通过选择该产品可以为环境做出贡献。同时，广告也可以引导消费者改变购买行为，选择更环保、可持续的产品或服务。通过将绿色可持续理念与产品或服务紧密结合，广告能够唤起消费者的环保意识，促使他们做出积极的购买决策。

广告策划还可以借助社交媒体平台等新兴渠道，扩大绿色可持续理念的传播范围。通过在社交媒体上发布有关企业环保行动和可持续发展的内容，引发用户的关注和讨论。消费者在社交媒体上分享企业环保行动的信息，不仅能够扩大宣传效果，还有助于形成良好的品牌口碑和用户参与。

二、未来发展方向

（一）人工智能

人工智能技术的快速发展为广告策划带来了新的机遇。通过机器学习和自然语言处理等技术，广告策划可以更好地理解和洞察消费者的需求，提供更智能化和个性化的广告推荐。

人工智能可以通过大数据分析和机器学习算法，对消费者的行为、兴趣和偏好进行深入挖掘和分析。通过对海量数据的整合和分析，人工智能可以识别出消费者的消费模式、购买意向以及潜在需求等信息。这些信息可以为广告策划提供重要的参考，帮助确定目标受众，并设计更具针对性的广告内容和营销策略。

人工智能还可以通过自然语言处理技术，对用户生成的文本内容进行情感分析和主题提取。通过分析用户在社交媒体、在线论坛等平台上的言论和评论，人工智能可以了解用户对某个产品或品牌的态度和观点。这样的信息可以帮助广告策划人员了解用户的喜好和意见，从而调整广告内容和传播方式，更好地满足用户的需求和期望。

人工智能还可以应用于广告创意的生成和优化。通过深度学习和生成模型，人工智能可以自动生成符合特定主题和情感的广告文案、图片或视频。这种自动生成的广告创意不仅可以大幅提高广告制作的效率，还可以根据消费者的反馈进行实时调整和优化，使得广告内容更加吸引人和个性化。

人工智能还能通过预测和推荐算法，为广告策划提供更准确的广告投放建议。通过分析历史数据和消费者行为模式，人工智能可以预测某个广告在不同平台上的点击率、转化率等指标，并提供最佳的广告投放方案。这样的智能推荐可以帮助广告策划有效地优化广告预算，提高广告投放的效果和回报率。

（二）区块链技术

区块链技术在广告策划中的应用正逐渐展现出巨大的潜力。传统广告行业存在信任和数据造假等问题，而区块链技术可以通过实现去中心化的广告交易和透明的数据记录来解决这些问题。未来，广告策划可以借助区块链技术构建更加公平、透明和可信的广告生态系统。

1.实现去中心化的广告交易

传统广告交易往往需要依赖中介机构，这增加了交易成本，并且可能存在不透明的情况。而区块链技术可以通过智能合约来自动执行广告交易，消除了中介环节，使得广告主和媒体之间可以直接进行交易，降低成本并提高了效率。同时，由于交易记录被保存在区块链上且无法篡改，广告交易过程变得透明可追溯，有利于防止欺诈和虚假广告的出现。

2.确保广告数据的真实性和准确性

目前，广告数据的可信度一直是一个难题，因为数据可以被篡改或者伪造。而通过将广告数据记录在区块链上，可以确保数据的完整性和不可篡改性。每一次广告交易和数据记录都将被保存在区块链上的每个节点中，任何人都无法擅自修改或删除这些数据，从而保证了广告数据的真实性和准确性。

3.提供更加精准和个性化的投放机制

传统广告投放常常面临着信息不对称和广告主与受众之间缺乏直接联系的

问题。而基于区块链的广告平台可以通过用户授权和匿名化处理，使得广告主可以更准确地了解受众的需求和兴趣，从而实现更加精准和个性化的广告投放。同时，由于区块链记录了用户的行为和偏好，广告主可以根据这些数据进行更好的广告定位和优化。

（三）跨界合作和内容营销的融合

在未来的广告策划中，跨界合作和内容营销的融合将扮演重要角色。传统广告形式已经不能满足消费者日益多样化和个性化的需求，因此品牌需要与不同行业和领域进行跨界合作，将品牌故事和宣传内容融入影视、音乐、体育等领域中，通过内容的娱乐性和情感共鸣，实现品牌价值的传播和提升。

通过与知名的影视、音乐或体育人物、团队或赛事进行合作，品牌可以借助他们的影响力和粉丝基础，将品牌信息传播给更多的目标受众。例如，某品牌与一部热门电影进行合作，将产品植入其中，不仅可以在电影中得到曝光，还能够通过电影的宣传和营销活动吸引更多观众关注品牌。

随着消费者对广告的抵触心理增加，传统的推销式广告往往难以引起他们的兴趣。而通过与影视、音乐或体育领域合作，品牌可以将品牌故事和宣传内容融入娱乐作品中，通过故事情节、角色塑造或赛事表现等方式，与消费者建立情感共鸣，使得品牌信息更加生动有趣，同时也能够提升品牌在消费者心目中的形象和认知。

跨界合作还可以创造更多的营销机会和互动方式。品牌可以举办一系列的线上线下活动，吸引消费者的参与和互动。例如，品牌可以组织明星见面会、线上直播演唱会等活动，与消费者进行深入互动，提高品牌的知名度和粉丝黏性。同时，这些合作还可以为品牌带来更多的话题和讨论，扩大品牌的社交影响力。

参考文献

[1]丁雨欣. 广告创意在品牌推广中的作用 [J]. 青春岁月, 2022, (08): 65-67.

[2]王潇娴. 品牌策划设计[M]. 南京大学出版社: 202109. 144.

[3]肖雪. 创意设计在广告中的应用研究 [J]. 艺术品鉴, 2021, (21): 95-96.

[4]刘洋,赵倩. 新媒体广告营销策略研究 [J]. 湖北农机化, 2020, (03): 167.

[5]刘家全. 媒介融合背景下广告策划的创新性发展 [J]. 新闻研究导刊, 2019, 10 (17): 206+224.

[6]洪长青,张凤英,李学昆. 市场营销策划[M]. 南京大学出版社: 201707. 315.

[7]常亚南. 浅谈广告策划对品牌战略的影响 [J]. 特区经济, 2015, (08): 148-151.

[8]温培财. 浅析虚假广告的法律规制 [J]. 天津职业院校联合学报, 2015, 17 (01): 80-82+99.

[9]张丙刚. 品牌视觉设计[M]. 人民邮电出版社: 201410. 194.

[10]李婷婷. 广告策划中的消费者洞察分析 [J]. 才智, 2014, (05): 260.

[11]王海英. 虚假广告与防范对策 [J]. 新疆农垦经济, 2006, (08): 71-72.

[12]杨先艺. 设计策划与管理研究[D]. 武汉理工大学, 2005.